Seul l'amour compte

Pierre G. van Breemen, s.j.

Seul l'amour compte
Contemplation chez soi

Traduit de l'anglais par
Ghislaine Roquet, c.s.c.

BELLARMIN

Le présent ouvrage a fait l'objet d'une première publication en allemand
(*Was zaehlt, ist Liebe*, Freiburg, Allemagne, Herder, 1999).
Une version en langue anglaise a été mise au point par l'auteur.
Et c'est cette version qui a été traduite en français.

Données de catalogage avant publication (Canada)

Breemen, Piet van

Seul l'amour compte : contemplation chez soi

Traduction de : What counts is love.
Comprend des réf. bibliogr.

ISBN 2-89007-916-3

1. Vie spirituelle – Église catholique.
2. Dieu – Amour – Enseignement biblique.
I. Titre.

BX2350.2.B74314 2000   248.4'82   C00-941228-X

Dépôt légal : 3ᵉ trimestre 2000
Bibliothèque nationale du Québec
© Pierre G. van Breemen, s.j.
© Éditions Bellarmin, 2000.

Les Éditions Bellarmin remercient le ministère du Patrimoine canadien du soutien qui leur
est accordé dans le cadre du Programme d'aide au développement de l'industrie de l'édition.
Les Éditions Bellarmin remercient également le Conseil des Arts du Canada
et la Société de développement des entreprises culturelles du Québec (SODEC).

IMPRIMÉ AU CANADA

Avant-propos

En mars 1998, j'ai dirigé pendant une semaine la retraite annuelle des bénédictines de l'Abbaye Sainte-Hildegarde à Bingen, en Allemagne. Le monastère actuel date du XXe siècle, mais la communauté descend en ligne directe et ininterrompue de sa première abbesse et fondatrice, sainte Hildegarde, née en 1098. L'année de notre retraite était donc le neuvième centenaire de sa naissance, marqué par de nombreuses célébrations populaires et savantes.

La retraite s'est polarisée autour des thèmes fondamentaux de la spiritualité biblique. Mes conférences portèrent, dans le langage le plus simple possible, sur la profondeur, la rigueur et les exigences de la foi chrétienne, tout en mettant en lumière la joie, la plénitude et la paix que l'Évangile est censé apporter. Je partage, avec mes lecteurs et lectrices, ces textes, légèrement remaniés pour la publication, dans l'espoir que ces douze chapitres répondront de quelque façon à leur soif pour une spiritualité véritable, profonde et positive.

Je rencontre tant de personnes qui recherchent un sens plus profond à leur vie et investissent une grande part d'énergie, de temps et également d'argent dans cette recherche. Je suis souvent peiné de constater que notre tradition chrétienne rencontre si mal ce désir profond, et je me demande ce qui nous empêche, nous chrétiens, d'être davantage sensibles à ce besoin évident et envahissant de notre temps. Je ne peux pas accepter d'emblée l'explication facile que la voie de l'Évangile exige trop d'engagement et de fidélité, parce que je crois que toute personne qui cherche honnêtement veut être mise au défi de cette façon. Sans aucun doute, nous, chrétiens et chrétiennes, ne sommes pas à la hauteur de notre idéal ; et pourtant, il y a beaucoup de femmes et d'hommes qui vivent la foi chrétienne de façon authentique et convaincante. Pourquoi alors ne pouvons-nous pas rendre plus facilement accessible cette source de vie et de fécondité ? Ce petit livre tentera de le faire...

Ceux et celles qui connaissent mes livres précédents reconnaîtront non seulement des pensées et des thèmes repris ici dans des mots et des contextes différents, mais surtout le thème central de l'amour inconditionnel de Dieu pour chacune et chacun de nous tels que nous sommes (et non tels que nous devrions être). L'amour de Dieu nous amène à l'existence et désire pour nous la vie et la joie en abondance. C'est le désir constant de Dieu que nos vies soient éminemment significatives et portent beaucoup de fruit, du fruit qui demeure. Plus simplement, ce qui compte c'est l'amour.

PIERRE G. VAN BREEMEN, s.j.
Los Angeles, 15 septembre 1999

CHAPITRE I

« *Attends-moi* »

Nous cherchons tous Dieu. En ce moment même, si vous ne cherchiez pas Dieu, vous n'auriez pas ouvert ce livre. Tous nous désirons, au plus profond de notre être, quelque chose de plus, quelque chose qui dépasse notre compréhension, quelqu'un en qui se trouve notre accomplissement. « Heureuse la personne dont le désir pour Dieu est comme la passion d'un amoureux pour sa bien-aimée. » (saint Jean Climaque)

Dans toutes les grandes religions du monde, les fidèles recherchent Dieu. Le christianisme, cependant, introduit dans le monde un renversement inattendu : le christianisme révèle un Dieu qui nous recherche, un Dieu qui nous aime infiniment plus que nous nous aimons nous-mêmes. Autrement, comment pourrions-nous exister ? Le désir passionné de Dieu pour nous, au point que le Verbe de Dieu soit devenu un humain, emplit toute l'Écriture sainte et est la raison d'être de toute la création.

Considérez l'image que le prophète Osée, huit siècles avant la naissance du Christ, propose de Dieu qui nous recherche comme un jeune homme peut courtiser sa bien-aimée : « Alors je la séduirai ; je la conduirai au désert et là je parlerai à son cœur. » (*Os* 2,16[1]) Tant d'ardeur et de tendresse! Ici nous percevons l'intimité du jeune amoureux qui désire la jeune fille de ses rêves, s'efforçant le plus possible de capter son attention et de gagner son affection. Le prophète décrit un Dieu qui brûle pour nous, qui nous veut totalement. Notre amour compte pour Dieu. Il ne reculera devant rien pour nous trouver, même s'il doit nous conduire au désert pour parler directement à nos cœurs.

Dans le *Cantique des cantiques*, nous trouvons le même refrain : « J'appartiens à mon bien-aimé, et il me désire. » (7,11) Encore et encore, l'Écriture nous invite à croire à cette révélation surprenante, merveilleuse, presque trop bonne pour être vraie : *le désir de Dieu est pour chacun de nous*. Permettez-vous d'entendre les mots de l'Écriture, quoique écrits il y a longtemps, comme dits tout neufs pour vous, ici et maintenant. Savourez-les. Osez dire à Dieu ce que Mechtilde de Magdebourg lui a dit un jour : « Ô vous, Dieu brûlant d'un désir passionné. »

Commencer à prier, ou décider d'entrer plus profondément dans la prière, signifie qu'on a déjà fait son choix en faveur de Dieu. En réalité, cela signifie que Dieu nous attire déjà plus près de lui. Au cours des périodes de méditation et de contemplation, nous renouvelons et nous approfondissons notre relation avec ce Dieu qui veut tellement que nous le connaissions. Nous pouvons reconnaître cette relation dès le départ en priant ainsi :

> Je m'émerveille que tu désires ma compagnie. Je reste saisi que ton amour me recherche et me choisisse, parce que j'avais renoncé à l'espoir que quelqu'un, un jour, s'adresse à moi avec tant d'amour. Et maintenant, tu me choisis et tu me dis que je

---

1. Les citations de l'Écriture sainte sont tirées de la Bible de Jérusalem.

fais une différence pour toi! Tout à fait étonné, je me considère tout différemment à cause de ton choix. J'apprends à m'apprécier d'une autre façon. Je vois ma valeur et ma contribution quand je me vois avec tes yeux. Comment te remercier?

Au livre de l'*Exode*, chapitre 34, on raconte la rencontre de Moïse avec Dieu au mont Sinaï. Une rencontre similaire avait eu lieu quelque temps auparavant (*cf. Ex* 24), mais cette fois-ci, quand Moïse descendit de la montagne, il trouva le peuple qui dansait devant un veau d'or façonné pendant son absence. La fureur de Moïse s'enflamma et il jeta par terre les tables de l'alliance qu'il avait reçues de Dieu, les brisant complètement. Le chapitre 34 commence alors par ces mots: « Le Seigneur dit à Moïse... » Remarquez que c'est Dieu qui prend l'initiative. Dieu n'abandonne pas Moïse à sa déception profonde à cause de son peuple changeant et désobéissant. Dieu tend de nouveau la main à Moïse, de même qu'il a tendu la main à Adam après la chute: « Adam, où es-tu? » (*Gn* 3,9) Même si Adam s'était faufilé pour se cacher, Dieu a pris l'initiative de reprendre contact. Il en est de même pour notre prière. Dieu fait toujours le premier pas. Dieu ne nous abandonne jamais à notre sort, à notre honte ou à notre culpabilité. Dieu nous appelle toujours à une plus grande liberté. Même quand c'est nous qui choisissons les temps de méditation, de silence et de prière, Dieu est là bien avant nous. Dieu est déjà à l'œuvre dans et par nos désirs. Dieu est Celui qui nous recherche. Dieu désire cette rencontre. Au XIIIᵉ siècle, le poète persan Jelaluddin Rumi exprima ce mystère incroyable:

> « Voilà, je suis toujours avec toi »
> Signifie que lorsque tu cherches Dieu du regard,
> Dieu est dans le regard de tes yeux,
> Dans la pensée de regarder,

Tellement plus près de toi que toi-même,
Ou que ce qui t'arrive[2].

Dieu ordonna à Moïse de tailler deux tablettes de pierre où il pourrait écrire les mêmes mots qui étaient gravés sur les premières tablettes. Nous voyons ici aussi un parallèle avec nos propres vies : nous préparons nos cœurs, nous les ouvrons, mais ce qui compte vraiment, c'est ce que Dieu lui-même fait. Oui, la prière exige un certain effort et désir de notre part, mais l'action la plus profonde vient de Dieu qui veut toujours nous consoler et nous libérer. Notre foi et notre prière ne sont jamais des réussites qui dépendent de nos efforts ; elles sont surtout un abandon, une ouverture, une disponibilité à Dieu. Selon Ignace de Loyola, le cœur de la prière est simplement Dieu-à-l'œuvre-en-nous : « Laissez le Créateur agir directement avec sa créature et la créature directement avec le Créateur. » La condition la plus importante est de ne jamais faire écran à Dieu afin que Dieu puisse travailler librement en nous.

Quand la prière semble ne porter aucun fruit, la raison en est habituellement que nous avons essayé d'en faire trop. Des années d'expérience m'en ont convaincu. « En faire trop » peut vouloir dire que nous faisons un effort, que nous cherchons sans nous en rendre compte à provoquer une expérience de Dieu. Alors nous devenons plus tendus, et cette tension peut bloquer la douce action de Dieu. En faire trop peut aussi vouloir dire utiliser le temps de la prière pour des activités étrangères. Après tout, nous avons tous tant de choses à faire, et l'espace réservé à la prière offre de splendides chances de rattraper un retard dans d'autres domaines. Résistez donc à la

---

2. *Open Secret*, traduit par John Moyne et Coleman Barks, Putney (VT), Threshold Books, 1984, p. 50.

tentation de rendre la prière *productive.* «Qui perd sa vie la trouvera», dit Jésus. Ou, plus précisément: «Qui perd sa vie pour moi la trouvera.» De même, nous pouvons dire de la prière: «Qui perd son temps pour elle découvrira que c'est devenu le temps le plus précieux.» Perdez votre temps pour Jésus. Vous ne serez pas désappointés.

Avec Moïse, Dieu écrit sur des tables de pierre. Plus tard, le prophète Jérémie proclame une alliance étonnamment nouvelle: «Voici l'alliance que je conclurai avec la maison d'Israël après ces jours-là, dit le Seigneur. Je placerai ma loi en eux, et je l'écrirai dans leurs cœurs; je serai leur Dieu et ils seront mon peuple.» (*Jr* 31,33) Saint Paul se réfère à l'image de Jérémie dans 2 *Corinthiens* 3,3 où il compare ses lecteurs (nous tous y compris) à une Lettre du Christ, «écrite non avec de l'encre, mais par l'Esprit du Dieu vivant, non sur des tablettes de pierre, mais sur des tablettes qui sont des cœurs de chair». Il n'est pas nécessaire de tailler et de préparer des tablettes de pierre, mais il faut préparer nos cœurs. Ce qui peut se révéler bien plus difficile — ouvrir nos cœurs et les maintenir si paisibles que la parole de Dieu et le message de Dieu puissent y être gravés. Prier signifie toujours se tenir devant Dieu avec un cœur ouvert, des mains ouvertes.

J'aime l'image des mains ouvertes. Au long des années, nous avons tous et toutes accumulé beaucoup de choses dans nos mains, peut-être par de grands efforts, et naturellement nous voulons tout retenir. Les commodités modernes qui rendent nos vies plus faciles. Les convictions et les opinions, les pensées et les idées auxquelles nous sommes attachés. Les relations, évidemment, auxquelles nous tenons. Et aussi notre travail, nos rendez-vous, notre agenda, notre situation, notre réputation, notre influence et plus encore. Nous y tenons. Nous ne sommes pas prêts à les laisser aller facilement. Nous avons dépensé une telle énergie pour accumuler tous ces trésors.

Quand nous prions, nous ouvrons nos mains. Il n'est pas nécessaire de les vider. Il s'agit simplement de rester devant Dieu, les mains ouvertes, en attente. Dieu aussi manifeste une grande patience. Après un temps, Dieu peut venir et regarder avec amour tout ce que nous tenons. «Tu as beaucoup de choses», dit Dieu. Oui, c'est bien vrai, lui répondons-nous. Nous avons beaucoup de choses, probablement plus encore que nous le réalisons. Alors Dieu pourra nous regarder en face et demander: «Est-ce que ça te va si j'enlève ceci?» N'ayez pas peur. Dieu est doux. Dieu ne peut jamais nous faire de mal. Vous pouvez en être assurés. D'autre part, Dieu sait comment choisir. La disposition fondamentale de la prière demeure: «Oui, tu peux prendre tout ce que tu veux.» Nous pouvons accepter parce que nous savons que Dieu nous aime plus que nous nous aimons nous-mêmes et qu'il ne prendrait jamais rien si cela devait nous faire du tort.

Quand Dieu a pris cette seule chose, nous restons en sa présence. Si, après un temps, Dieu vient de nouveau, nous serons peut-être un peu nerveux. Dieu demande alors: «Est-ce que tu acceptes que je dépose ceci dans tes mains et que je te le confie?» Dieu ne prend jamais rien sans donner quelque chose. Une fois encore, l'essentiel de notre prière sera: «Oui, tu peux.» Sans cette attitude de base, nous ne pouvons pas prier vraiment. Toute notre relation avec Dieu se transformerait en exercice de «cachette». Nous cherchons Dieu, mais quand nous nous approchons de lui, nous nous sauvons, de peur que Dieu ne nous enlève quelque chose. La prière devient alors littéralement impossible, si nous refusons que Dieu soit Dieu. Si nous ne désirons pas que Dieu soit Dieu, la prière ne peut pas être sincère. Rabindranath Tagore a exprimé cela en quelques mots : « Mon cœur est angoissé par le fardeau des richesses que je ne t'ai pas données. » Tout ce que nous soustrayons à Dieu nous écrase.

Cependant, ce serait une grave erreur de commencer à imaginer ce que Dieu pourrait bien retirer de nos mains. Ne faites pas cela. Cela vous conduirait seulement dans la mauvaise direction. Nous pouvons imaginer mille choses, mais ce que Dieu nous demandera vraiment, nous ne le découvrirons pas ainsi. Dieu est bien trop original et surprenant. D'ailleurs, nous ne devrions pas détourner notre attention sur nos mains et sur ce que nous tenons ; ce n'est pas l'essentiel de la prière. Nos yeux devraient être tournés vers Dieu seul, avec une confiance sans bornes. Quand Dieu décide de prendre quelque chose dans nos mains, c'est invariablement parce que Dieu désire que nous devenions davantage nous-mêmes. Dieu est plus fidèle envers nous que nous ne le sommes envers nous-mêmes. Nous pouvons parfois nous méfier de nous-mêmes, mais nous n'avons jamais raison de craindre Dieu. La prière surgit de la confiance en Dieu qui nous aime, qui désire notre croissance et notre bien-être. « Je suis venu pour que vous ayez la vie et que vous l'ayez en abondance. » (*Jn* 10,10) Nous devons être ouverts à Dieu, ouverts et confiants.

Dans une de ses homélies, saint Augustin exprime cette intuition : « Le Verbe de Dieu s'oppose à votre volonté uniquement jusqu'à ce qu'il devienne l'auteur de votre salut. Tant que vous êtes votre propre ennemi, le Verbe de Dieu est aussi votre ennemi. Soyez votre propre ami, et le Verbe de Dieu s'accordera avec vous. » Nous n'avons rien à craindre. Prier, c'est s'ouvrir à Dieu pour que grandisse le désir que Dieu entre de plus en plus dans nos vies. Même cela manque la cible, car Dieu demeure déjà dans nos cœurs. Ruysbroec, un mystique flamand du XIIIᵉ siècle, écrivait : « Dieu est celui qui nous approche du dedans vers le dehors.» En vérité, Dieu est plus près de nous que nous le sommes de nous-mêmes. Parfois nous ne sommes pas fidèles à nous-mêmes, nous ne sommes pas authentiques. Mais Dieu demeure toujours fidèle, sans exception. Dieu ne peut pas ne pas nous aimer.

«Jour après jour, le Seigneur Dieu ouvre mon oreille pour que je puisse l'entendre comme un disciple.» (*Is* 50,4) Que veut dire l'*entendre comme un disciple*? Nous pourrions être plus naturellement portés à l'écouter comme des *maîtres*, vérifiant si les autres l'ont entendu comme nous. La prière renverse la situation: nous sommes appelés à écouter comme des disciples, comme des apprentis. Nous sommes invités à nous ouvrir devant Dieu-qui-révèle.

Peut-être considérons-nous comme agréable le temps de la prière. La méditation, après tout, peut créer un sentiment de calme; apportant une fraîcheur pour l'esprit et une confirmation pour le cœur. Mais cette compréhension est bien loin d'une vraie expérience de la prière. Penser ainsi montre que notre image de Dieu reste trop étroite. Très souvent, il arrive qu'on éprouve une brèche dans la prière. Bien des gens ont expérimenté cette invitation nouvelle à entrer plus profondément dans l'intimité de Dieu. Cela peut se produire pour nous aussi, et plus d'une fois dans notre vie. L'exemple classique se trouve dans la vie de sainte Thérèse d'Avila qui, après dix-neuf ans dans un Carmel médiocre — un endroit ni mauvais ni réellement bon —, a expérimenté Dieu directement. Au cours des années précédentes, Thérèse elle-même avait vécu une vie tiède, ni fervente ni apathique. Cette Thérèse-là n'aurait jamais trouvé place dans l'histoire. Avec sa conversion, une sainte était née et elle a porté beaucoup de fruit pour l'Église, même jusqu'à maintenant.

On trouve un autre exemple chez Gertrude de Helfta. Elle pouvait indiquer précisément le temps et le lieu au dortoir où elle avait été libérée d'une idole. Son idole était son amour excessif de l'étude. À ce moment, elle ouvrit ses mains. Alors l'amour de Dieu s'est emparé d'elle et la mit en route vers la sainteté.

Ce même Dieu est aussi à l'œuvre dans nos vies, et pas seulement pendant la prière. De telles expériences qui transforment une vie se produisent encore aujourd'hui. Dieu est toujours plus grand, beaucoup plus grand que nous ne pensons. Attendez-vous à être surpris par un amour au-delà de toute imagination. Chaque jour est rempli d'occasions toutes neuves. Chaque jour, Dieu nous éveille pour que nous écoutions comme des disciples.

Après avoir parlé à Moïse et lui avoir ordonné de tailler deux nouvelles tables de pierre, Dieu ajouta une autre directive : « Prépare-toi dès demain matin à gravir le mont Sinaï et attends-moi au sommet de la montagne. » (*Ex* 34,2) *Attends-moi là*. L'essentiel de la prière ne consiste pas à chercher Dieu, car cela peut bien facilement devenir de l'activisme, mais plutôt consiste à attendre, à laisser aller, à supporter notre propre insuffisance. Attendre quelqu'un est une façon bien authentique de lui rendre hommage, plus authentique peut-être que tous les mots qu'on pourrait prononcer, ou que tous les présents qu'on pourrait lui offrir. En attendant, nous expérimentons notre propre impuissance : attendre n'est pas facile. Cependant, nous ne pouvons pas forcer Dieu. Dieu viendra, n'en doutons pas, mais à son heure. Donc, *attends-moi là* ! Cette attente n'est pas vide, n'est pas un temps mort. Nous attendons parce qu'il y a déjà une relation. Nous attendons Quelqu'un.

« Personne ne doit monter avec toi et personne ne doit même être vu quelque part sur la montagne ; même les troupeaux ne doivent pas aller paître sur cette montagne. » (*Ex* 34,3) Dieu veut toute l'attention de Moïse. L'amour de Dieu ne souffre pas de compromis.

« Moïse tailla donc deux tables de pierre comme les précédentes, et tôt le lendemain matin il gravit le mont Sinaï avec les deux tables de pierre comme le Seigneur le lui avait commandé. Se tenant dans une nuée, le Seigneur resta là avec lui et proclama son nom, "Seigneur". » (*Ex* 34,4-5) Remarquez que ce n'est pas Moïse qui appelle le Seigneur, mais Dieu lui-même qui proclame le nom de Dieu. C'est-à-dire que Dieu se fait connaître. Voici le vrai secret de l'expérience de Dieu : que Dieu — dans une certaine mesure — révèle sa propre nature de Dieu. Voilà ce qui compte. Rien de ce que nous pouvons faire n'approche de cette expérience.

Les Pères et les Mères du désert comparent l'expérience de la prière à un chien qui chasse un lièvre[3]. Un chien aperçoit le lièvre : tout excité, il jappe et se met à courir. Les autres chiens, en entendant japper, se joignent à la chasse. Mais tôt ou tard, les chiens qui ont seulement entendu japper abandonnent. Ceux qui ont vu le lièvre, cependant, continuent de courir. Voilà une image juste de notre prière : quiconque prie parce qu'il a seulement entendu les jappements des autres sans avoir rien vu lui-même ne persévérera pas.

Cette analogie décrit la souffrance de beaucoup de chercheurs sincères. Ils vivent des « jappements » des autres, et à long terme cela n'est tout simplement pas assez. Ils cherchent le sens de la vie, la paix intérieure, et ultimement Dieu (qu'ils

---

3. *Cf.* Monika HIRSCHAUER, u.a., *Gott finden im Alltag. Exerzitien zu Hause*, Freiburg (Allemagne), Herder, 1998, p. 9.

le nomment ou non), mais ils ont seulement entendu par quelqu'un d'autre qui a entendu dire que quelqu'un a entendu… Assurément, nous ne pouvons pas par nos propres efforts produire une expérience de Dieu. Une telle expérience ne peut que nous être donnée. C'est une pure grâce. Mais quand nous attendons, mains ouvertes et cœur sans défense, Dieu vient sûrement. Nous expérimentons la présence de Dieu. Dieu a donné sa parole! «Quand vous me chercherez, vous me trouverez. Oui, quand vous me chercherez de tout votre cœur, je me laisserai trouver par vous, dit le Seigneur.» (*Jr* 29,13-14) «Dites-moi dans la plénitude votre miséricorde, mon Seigneur et mon Dieu, qui vous êtes pour moi. Dites à mon âme, je suis ton salut. Dites-le de façon que je puisse entendre et comprendre.» (saint Augustin[4]) Voilà ce qu'est la prière: que nous entendions le Verbe de Dieu et que nous y trouvions notre plénitude.

«Moïse se prosterna aussitôt jusqu'à terre et adora.» (*Ex* 34,8) Nous savons combien notre corps est partie prenante de tout ce que nous faisons; la prière ne fait pas exception. La spiritualité qui tente d'être désincarnée n'est certainement pas une spiritualité chrétienne. Nous cherchons Dieu avec toute notre personne. Notre désir, notre révérence pour Dieu s'expriment naturellement par des gestes, comme le souligne souvent l'Écriture. Mais cela vaut aussi à rebours. La position du corps influence souvent l'attitude de l'esprit. La prise de conscience de cette interaction peut aider beaucoup. Nous avons donc besoin d'une position du corps qui exprime une révérence véritable en présence du Saint et qui, tout de même, soit en même temps assez détendue pour ne pas retenir notre attention. Dans les périodes de désolation, quand «les puits sont

4. *Confessions*, I. 5,5.

secs », la position du corps peut encore donner une forme à nos désirs les plus profonds.

Finalement, le Seigneur dit à Moïse : « Voici donc l'alliance que je vais établir. » (*Ex* 34,10) De nouveau, l'expérience de Moïse est parallèle avec la prière à laquelle Dieu convie chacun, chacune de nous. D'une part, Moïse attend, seul, sur la montagne, dans la solitude la plus complète et le silence. D'autre part, l'alliance que Dieu offre au sein de cette solitude n'est pas une alliance entre Dieu et Moïse, mais plutôt entre Dieu et *le peuple*. De l'expérience solitaire que Moïse a de Dieu sortira quelque chose de grande importance pour tout le peuple. De même, nous prions seuls, dans la solitude et le silence ; mais — et il est bon de nous le rappeler lorsque la prière est difficile — notre prière solitaire porte du fruit pour plusieurs. Nous attendons seuls, mais notre écoute, notre silence, notre désir, notre prière deviennent source de fécondité pour les autres aussi. Une fécondité qui ne connaît pas de bornes.

> Dieu qui donnes la vie
> toi seul sais
> comment notre vie peut être vraiment réussie.
> Enseigne-nous dans le silence de ta présence
> à adorer ce mystère :
> comment en te rencontrant,
> comment sous ton regard et par ta parole,
> nous nous reconnaissons nous-mêmes
> comme ton image et ta ressemblance.
> Montre-nous à laisser aller
> tout ce qui nous empêche
> de te rencontrer,
> de nous laisser toucher par ton Verbe.
> Aide-nous à accueillir et accepter
> tout ce qui en nous aspire à revivre

à l'image et à la ressemblance
dont tu as rêvé pour nous
aujourd'hui et chaque jour
pour toujours[5]...

5. Peter KOESTER et Herman ANDRIESSEN, *Sein Leben ordnen*, Freiburg (Allemagne), Herder, 1991, p. 31.

CHAPITRE 2

Nous avons tous besoin de plus d'amour que nous n'en méritons

Parmi bien des phrases longues et compliquées, dans un livre du philosophe allemand Jörg Splett, j'ai trouvé ce petit bijou : « Chaque personne a besoin de plus d'amour qu'elle n'en mérite. » Comme c'est clair. Comme c'est vrai. Aucun langage savant n'est nécessaire pour expliquer cela, et pourtant c'est très profond. Quand nous lisons cette petite phrase, toutes sortes de gens nous viennent à l'esprit pour la confirmer : des gens qui ont besoin de plus d'amour qu'ils n'en méritent. Peut-être pensez-vous à un réfugié ou un clochard ou un drogué. Mais vous n'avez pas à sortir du cercle de vos connaissances. Dans votre propre environnement, dans votre quartier, vous trouverez des gens qui ont besoin de plus d'amour qu'ils n'en méritent. En réfléchissant plus profondément, un peu de l'esprit du Sermon sur la montagne peut croître en nous, une certaine bonté, une compassion dont toute communauté a besoin.

Cette affirmation s'applique tout près de nous. Elle me décrit moi-même. Je suis une telle personne ! Moi-même j'ai besoin de plus d'amour que je n'en mérite. Pour mieux approfondir cette phrase, remarquez qu'elle affirme deux vérités : d'abord, j'ai besoin d'amour ; et deuxièmement, plus que je n'en mérite.

J'ai besoin d'amour ! Chaque personne possède bien des talents. La nature n'est pas économe dans la distribution des nouvelles semences de vie ; au contraire, elle le fait somptueusement. De la même façon, Dieu n'est pas avare en nous comblant de dons. Pensez à l'intelligence et à son immense potentiel, ce qui est en fait un talent précieux. Mais ce n'en est qu'un parmi plusieurs. Il y a aussi les talents de nos mains — ceux des gens créateurs qui peuvent former ou réparer n'importe quoi. Cela aussi est un talent spécial. Et il y a aussi les dons du cœur et, à long terme, ils sont plus importants que tous les autres. Si nous prenons le mot talent dans ce sens large, nous pouvons vraiment dire que chaque personne possède plusieurs talents.

Il en est de nous comme de la nature : nos talents requièrent un climat approprié pour grandir. Tant que la température est grise et froide, les bourgeons des fleurs et des arbres restent fermés parce qu'il y a trop grand risque à ce qu'ils s'ouvrent. Mais quand le printemps approche, apportant une température plus chaude, les bourgeons s'ouvrent et nous réjouissent par une abondance de fleurs et de feuillage. Il en est de même pour nous. Quand le climat où nous vivons reste glacial ou rébarbatif, nous n'osons pas nous ouvrir. Dans ces conditions, nos talents restent cachés et clos.

À Berlin, où l'heure de fermeture des magasins est scrupuleusement observée, j'ai déjà eu à acheter quelque chose dans un supermarché, un vendredi soir, juste avant que le magasin ne ferme. Tous les comptoirs, sauf un, étaient déjà fermés. Au comptoir ouvert, attendait une longue queue de clients dont la plupart semblaient très impatients et fâchés parce que les autres comptoirs avaient fermé trop tôt. J'ai remarqué, toutefois, que les clients à la tête de la filée semblaient de bonne humeur. J'ai pensé que c'était parce qu'ils allaient être bientôt servis. C'était sûrement une raison, mais j'ai vite découvert qu'il y avait une deuxième raison. La caissière avait découpé un morceau de carton d'une boîte de bonbons et l'avait placé devant elle. Elle avait écrit : « Nous avons été faits avec amour ; s'il vous plaît, traitez-nous en conséquence. » Par ce simple message, elle transformait les humeurs massacrantes en sourires amicaux. Nous avons besoin de tels appels.

Dans une vision hardie et englobante, le théologien et historien de la culture Eugen Biser ramène les difficultés de la génération actuelle à trois problèmes fondamentaux : activisme, isolement et *angst* (angoisse). Dans un monde où ces trois problèmes créent le climat, nous avons sérieusement besoin du message de la caissière pour que l'atmosphère devienne plus chaleureuse et plus détendue. Le poète Pablo Neruda exprime cela dans une charmante image : « J'aimerais faire pour toi ce que le printemps fait pour le cerisier. »

Nos esprits ont besoin d'amour autant que nos corps ont besoin d'air. Alors seulement, les innombrables possibilités latentes en nous prennent vie et donnent du fruit. Quand nous aimons et que nous sommes aimés, notre isolement se transforme en intimité, notre *angst* en courage et, comme dans le songe de Jacob (*Gn* 28,10-19), les portes du ciel s'ouvrent. Kathleen Norris, dans son livre *Amazing Grace*[1] raconte une expérience simple mais frappante :

---

1. Kathleen NORRIS, *Amazing Grace*, New York, Riverhead Books, 1998, p. 150s.

Un matin, au printemps dernier, j'ai remarqué un jeune couple avec un bébé à la porte de départ d'un aéroport. Le bébé regardait attentivement les gens, et dès qu'il reconnaissait un visage humain, quel qu'il soit, qu'il soit jeune ou vieux, joli ou laid, ennuyé ou joyeux ou inquiet, il réagissait avec une joie totale. C'était ravissant à voir. Notre porte de départ grise était devenue la porte du ciel. Et à mesure que je contemplais ce bébé qui s'amusait avec chaque adulte qui le lui permettait, j'étais aussi émerveillée que Jacob, parce que je réalisais que c'est ainsi que Dieu nous voit, scrutant nos visages pour en être ravi, pour voir la créature qu'il a faite et appelée bonne, avec tout le reste de sa création… Je soupçonne que seul Dieu, et les enfants bien aimés, peuvent voir de cette façon.

Jésus nous dit : « Ce qui glorifie le Père, c'est que vous portiez beaucoup de fruit et deveniez mes disciples. » (*Jn* 15,8) Dieu veut que nos vies vaillent la peine. Le plan de Dieu, c'est que nous portions du fruit, du fruit en abondance. Ainsi, Dieu sera glorifié. Oui Dieu se glorifie dans une telle vie ! Et dans le verset suivant, Jésus révèle le secret de cette riche moisson : « Comme le Père m'aime, moi aussi je vous aime. Demeurez dans mon amour. »

Là se trouve l'axe d'une vie féconde : rester connecté à Jésus dans l'amour qui lie le Père et le Fils. Là nous fleurissons et nous portons du fruit. Demeurer dans cet amour implique davantage que d'y penser occasionnellement. Demeurer dans cet amour signifie que l'amour de Dieu est notre chez-soi, notre sécurité, notre joie. Ainsi seulement notre vie s'épanouira pleinement.

Le prêtre-poète autrichien Angelus Silesius a osé résumer ainsi cette vérité : « Rien ni personne n'est plus beau que moi puisque Dieu — la beauté même — est tombé amoureux de moi. » Voilà précisément ce que veut Jésus : que nous sachions et réalisions combien nous sommes précieux aux yeux de Dieu, que Dieu nous séduit et parle à notre cœur, que c'est très important pour Dieu de gagner notre amour. Une ancienne maxime dit : « Devant chaque être humain, un cortège d'anges annonce : "Faites place à une image de Dieu le Saint, Béni soit-Il." » Et dans la même tradition : « Ne vous sous-estimez pas parce que Dieu ne vous sous-estime pas. » Demandez à Dieu la grâce de vous voir comme il vous voit — aimé au-delà de toute mesure.

Cependant, j'ai besoin d'amour — et voilà qui devient mystérieux — plus que je n'en mérite. Nous vivons dans une société férue d'accomplissement où tout doit être mérité. Si mes propres réalisations sont moindres que mes besoins, je suis mal pris ! Et pourtant nous avons tous besoin de plus d'amour que nous n'en méritons. Ce « plus » doit être accordé comme un cadeau. Nous l'appelons la grâce. Tout tourne autour de ce « plus ». Plus important encore, nous devons accepter ce plus lorsqu'il est donné. S'il est offert sans être accepté, notre vie demeure sous le joug de l'insuffisance. En vérité, le plus difficile peut être d'accepter. N'avons-nous pas appris qu'il y a plus de bonheur à donner qu'à recevoir (voir *Ac* 20,35) ? Et n'avons-nous pas, par conséquent, été formés à donner plutôt qu'à recevoir ? En particulier, ne sommes-nous pas pour la plupart mal préparés à accueillir un amour que nous ne méritons pas ?

Il y a encore une autre difficulté. Nous savons tous que le mot « amour » a bien des significations. Pour certaines personnes, l'amour est romantique ; pour d'autres, l'amour physique prédomine ; d'autres conçoivent l'amour comme l'oubli de soi ; d'autres encore tendent vers un amour purement spirituel loin de l'agitation du monde. Il y a l'amour entre mari et femme, l'amour des parents pour leurs enfants, et des enfants pour leurs parents. Il y a de l'amour dans les communautés religieuses et dans les communautés paroissiales. Il y a l'amour entre les amis. Il y a tant de formes d'amour!

Jean Vanier, le fondateur des communautés de l'Arche, va au cœur des choses quand il dit qu'aimer c'est « révéler à une autre personne sa propre beauté ». Aimer signifie montrer à l'autre combien elle ou il est beau. L'autre personne ne peut pas découvrir cela toute seule : un miroir ne suffit pas! Il faut un autre être humain. Là où cela se produit, l'amour se réalise.

La foi et l'amour sont liés. Et comme l'amour, la foi s'enracine dans les exigences de la vie quotidienne. Il y a des points de contact avec la psychologie — tout ce que j'ai expérimenté dans ma propre vie influence, dans une certaine mesure, ma foi. Il y a un lien entre la foi et la sociologie : je ne deviens pas un croyant dans l'isolement, mais dans la communauté, dans le contact et l'échange avec les autres. Ma foi est aussi influencée par les politiques de l'Église…

Jean touche au cœur de notre foi quand il écrit dans sa première épître (4,16) : « Nous avons connu et nous avons cru à l'amour de Dieu pour nous. » Croire en l'amour de Dieu pour nous, selon Jean, c'est l'essence de la foi. Cet amour de Dieu pour nous n'est pas abstrait, mais profondément personnel; ce n'est pas un principe général, mais une affection forte et créatrice pour chacun et chacune de nous comme nous sommes (et non comme nous pensons que nous devrions être).

Croire authentiquement épanouit non seulement notre image de Dieu, mais aussi notre sens de nous-mêmes. Certaines personnes peuvent accepter l'amour de Dieu en général mais se rebiffent dès qu'il devient personnel. « Évidemment, Dieu aime tout le monde, mais pas moi. Je suis l'exception. » Cette attitude révèle probablement une souffrance aiguë qui vient de ne pas avoir été accepté ou aimé par les autres. Une foi authentique est toujours intensément personnelle. Nous ne devrions pas sous-estimer la difficulté de croire de tout son cœur et de toute son âme que nous, en tant qu'êtres uniques, sommes aimés par Dieu de manière inconditionnelle. Cela est, précisément, le don que nous appelons « la foi ». Nous ne pouvons pas y atteindre de nous-mêmes. La foi est toujours un cadeau de Dieu qui fait grâce gratuitement.

L'ouvrage d'un auteur français sur les psaumes[2] définit la foi comme « la certitude tremblante de l'Amour ». Oui, la foi est sûre de l'amour. Mais ce n'est pas une certitude à tenir pour acquise. La foi est littéralement pleine de frayeur, si profonde qu'elle nous pousse au bord de l'incroyance. Nous tremblons à cause de notre indignité, de notre émotion et de notre émerveillement. Nous luttons contre une part de résistance : cela ne peut pas être vrai. Cela ne s'applique pas à moi, ne s'accorde pas avec l'histoire de ma vie. C'est trop surprenant pour être vrai : je suis totalement aimé de Dieu. Macrina Wiederkehr s'exprime ainsi : « Ô Dieu, aidez-moi à croire la vérité à mon sujet, quelque belle soit-elle ! » Quand elle est acceptée et prise au sérieux, la foi retourne ma vie à l'envers. Croyant en cet amour de Dieu pour moi, j'ai le souffle coupé, je suis émerveillé et immensément reconnaissant. Comment cela peut-il en être ainsi ? Est-ce vrai ? Suis-je destiné à cela ?

Voilà notre foi. Dieu nous aime et nous donne l'existence. C'est de l'amour de Dieu que je surgis, non seulement à la naissance mais chaque jour à chaque instant. L'amour de Dieu pour moi est littéralement la source inépuisable et toujours nouvelle de ma vie.

---

2. Blaise ARMINJON, s.j., *Sur la lyre à dix cordes*, Paris, DDB, 1990, p. 131.

Pendant bien des années, j'ai été aux prises avec un problème pastoral. Je ne l'ai pas encore résolu, mais petit à petit je le comprends mieux. Je réfléchis souvent à ces gens qui ne peuvent pas croire que l'amour de Dieu les rejoint personnellement. Nous avons tous connu des gens qui n'ont pas été heureux pendant leur enfance. À la maison, ils ne recevaient pas beaucoup d'affection ou de chaleur ; ils étaient soumis à de très exigeantes attentes ; ils devaient conquérir l'amour de leurs parents par des notes élevées et une conduite sans reproche, et si les notes restaient sous la moyenne, la réaction était forte. L'enfant se sentait puni. D'autres enfants ont vécu des expériences pires encore ; ceux qui ont été abusés sexuellement pendant leur enfance, peut-être par quelqu'un de leur famille et même par leur père ou leur mère. Évidemment, ces personnes ont les plus grandes difficultés à croire à l'amour de Dieu. Cet amour n'est d'aucune façon évident pour eux. Au contraire, la seule pensée d'un tel amour se heurte à un mur de résistance amère ou coléreuse : cela ne peut pas être vrai, ni réel, ce n'est pas en harmonie avec leur vie. Comment ces personnes pourraient-elles en arriver à croire que l'Évangile est une Bonne Nouvelle ?

J'ai trouvé petit à petit une approche à cette question brûlante. En théologie, il y a une école de pensée que partagent, parmi d'autres, Karl Barth et Dietrich Bonhœffer, qui met fortement l'accent sur le fait que Dieu est totalement différent, le Tout Autre. Cette théologie relève d'une longue tradition qui remonte aux premiers siècles du christianisme. Il s'agit de la théologie apophatique ou négative. Elle soutient que nous ne pouvons jamais parler adéquatement de Dieu avec nos expériences et nos concepts humains. Les mystiques ont toujours expérimenté en profondeur cette vérité : Dieu est totalement Autre. Ce qui est particulièrement vrai quand on tente de parler de l'amour de Dieu. L'amour de Dieu diffère radicalement, complètement de tout amour humain que nous aurions pu expérimenter. Pour croire authentiquement dans l'amour de *Dieu*, nous devons faire un saut quantique de la foi.

Nous devons sauter de nos expériences d'amour humain dans le domaine totalement autre de l'amour de Dieu. Cette analogie d'un saut de foi a, évidemment, des limites. L'image peut donner l'impression que nous n'avons à faire ce saut qu'une seule fois et qu'alors nous aurons atteint l'autre rive. La réalité n'est pas si simple, nous devons sauter encore et encore.

C'est la foi qui fait cet immense saut dans le territoire inconnu de l'Amour divin. Une personne qui, au cours de ses premières années, a été malheureuse dans ses expériences ou plutôt dans son manque d'expériences de l'amour humain a besoin de beaucoup de courage et de force pour risquer ce saut. Mais personne n'est dispensé de sauter ! Même les personnes dont l'enfance a été comblée de beaucoup d'affection dans une famille harmonieuse doivent apprendre à sauter. Mais ces personnes, cependant, seront portées à retarder, à refuser de sauter et à se contenter de croire que l'amour divin est tout à fait semblable à ce dont elles ont fait l'expérience chez elles, mais avec un peu plus de plénitude. Quiconque pense ainsi n'a pas encore la foi au sens plein du mot. Tout le monde doit sauter. Qui peut dire pour qui le saut est plus facile ou plus difficile ? Chacun des deux points de départ comporte ses difficultés spécifiques. Une personne manque d'un fondement expérimental dans l'amour humain, mais en même temps désire quelque chose de plus significatif et de plus joyeux que ce qu'elle a expérimenté jusqu'à maintenant. L'autre personne doit rendre grâce pour beaucoup de choses, mais elle est appelée à ne pas restreindre l'amour de Dieu à son expérience limitée. Pour chaque personne une grâce stupéfiante se retrouve dans le saut : un amour au-delà de tout ce que nous pouvons demander ou imaginer, un amour inconditionnel qui est déjà donné.

L'amour de Dieu est complètement différent de tout amour humain. L'amour de Dieu est inconditionnel, il n'exige même pas que nous existions. En fait, Dieu nous aimait avant même que nous existions. L'amour humain est toujours limité et conditionnel. Tel n'est pas l'amour de Dieu ; il est radicalement différent.

L'amour de Dieu n'est fondé sur rien. Cela peut sembler décevant. Nous préférons penser : Dieu m'aime parce que je suis si dévoué et désintéressé ou à cause de ma personnalité, de mes qualités spéciales. Quand on nous dit que l'amour de Dieu ne dépend pas de ces « choses », une question bien naturelle et légitime surgit : « Est-ce que l'amour de Dieu, alors, s'adresse à *moi* ? » La réponse est un *oui* sans réserve. Vous, dans la singularité unique de votre personnalité, différente de toutes les autres, vous êtes aimé par Dieu d'un amour inconditionnel, avec une fidélité et une sincérité au-delà de toute conception. Mais vous n'avez absolument rien fait pour éveiller ou provoquer ou gagner cet amour de Dieu. Il était là avant que vous n'existiez. L'amour de Dieu ne se fonde sur rien ! Soyons reconnaissants de cette vérité. Imaginez que l'amour de Dieu soit fondé sur quelque chose et que ce quelque chose s'altère. Alors toute la structure s'effondrerait. Mais nous sommes assurés que cela ne peut pas arriver, précisément parce que l'amour de Dieu n'est fondé sur rien.

Ruysbroec parle de « l'amour de Dieu sans fond ». Peu importe à quelle profondeur nous nous immergeons dans l'amour de Dieu, nous ne touchons jamais le fond puisqu'il n'y en a pas. L'amour de Dieu n'a ni limite ni fin. Essayer d'imaginer cela nous donne le vertige. Notre imagination est trop limitée. Nous ne pouvons pas imaginer quelque chose qui n'ait pas de limite. Une frontière apparaît toujours quelque part dans mon imagination, et peut-être qu'il y a encore quelque chose au-delà de cette frontière, mais je ne peux pas l'imaginer sans cette frontière. L'amour de Dieu est sans limite, sans fond, sans aucune frontière. Il est absolument surprenant. C'est la racine elle-même et l'origine absolue. L'amour de Dieu est solide et ferme et absolument fiable.

Peter Knauer a exprimé cette vérité d'une façon concise et précise : « Dieu prend la mesure de son amour non pas en nous, mais en Lui-même. » C'est une façon de dire que l'amour de Dieu est tout autre. Nous mesurons notre amour selon l'autre personne. C'est pourquoi nous aimons une personne davantage, et l'autre, moins. Tout dépend de la personnalité de l'autre personne et des limites de mon affection. Dieu, cependant, ne mesure son amour à aucun étalon. L'amour de Dieu n'a pas de limites. Est-ce que quelqu'un dirait : « Dieu commence ici et finit là ? » Dieu aime parce que Dieu est Amour. Nous faisons l'amour, alors que Dieu *est* amour.

« Dans notre création, nous avons eu un commencement, mais l'amour dans lequel Dieu nous créa était en Dieu sans commencement. » (Julian de Norwich) L'amour d'où nous venons est éternel et nous englobe tout entiers, y compris les ombres, les faiblesses, oui, et les manquements. Le livre de la Sagesse va même plus loin : « Même si nous péchons, nous sommes tiens et nous connaissons ta puissance ; mais nous ne pécherons pas, sachant que nous t'appartenons. » (15,2) Même quand nous péchons, l'amour de Dieu continue de nous porter. Cela semble impensable : pécher signifie refuser l'amour de Dieu. Mais quand nous renions l'amour de Dieu, cet amour demeure encore et ne nous abandonne pas. Personne ne peut jamais prétendre comprendre cela. Nous pouvons rejeter l'amour qui est à l'origine de notre vie et pourtant continuer de vivre. Nous pouvons, pour ainsi dire, couper la branche sur laquelle nous sommes assis et pourtant ne pas tomber. N'essayez pas cela avec un arbre dans votre jardin ou dans les bois! Mais avec Dieu, c'est possible. Même dans nos péchés, Dieu ne nous délaisse pas. Dans notre finitude, nous sommes infiniment aimés de Dieu. Cet amour atteint la racine de notre existence, plus loin et plus profondément que toutes nos limites et nos particularités. L'amour de Dieu ne dépend pas de ce que nous soyons comme ceci ou comme cela. L'amour de Dieu est notre origine et notre chez-si. Jésus nous invite à y demeurer toujours.

Karl Rahner[3] termina un sermon de Noël avec ces mots qui résument bien ce chapitre et peuvent enrichir notre prière personnelle : « Dieu a confié au monde son ultime, plus profond et plus beau mot, dans le Verbe fait chair. Ce Verbe dit : Je t'aime monde, homme et femme. Je suis là. Je suis avec vous. Je suis votre vie. Je suis votre temps. Je pleure vos larmes. Je suis votre joie. N'ayez pas peur. Quand vous ne savez plus comment continuer, je suis avec vous. Je suis dans votre angoisse, parce que moi aussi j'en ai souffert. Je suis dans vos besoins et dans votre mort, parce que aujourd'hui j'ai commencé à vivre et à mourir avec vous. Je suis votre vie. Je vous le promets : pour vous aussi, la vie vous attend. Pour vous aussi, les portes s'ouvriront. »

> Tu nourris et soutiens le monde
> de jour en jour,
> et où que nous allions
> tu es plus présent

---

3. *Cf. Kleines Kirchenjahr*, Munich, Ars Sacra, 1954, p. 15-19.

que nous n'osons le présumer.
Nous te remercions de cette présence
cachée, vulnérable,
une présence pourtant fidèle ici et maintenant.
Nous croyons en cette présence
et nous vivons de toi
comme nous vivons de pain,
comme nous avons faim et soif de paix
aujourd'hui et tous les jours à jamais[4].

---

4. La plupart des prières finales sont empruntées à Huub Oosterhuis, *Your Word is Near: Contemporary Christian Prayers*, traduites par N.D. Smith, New York, Newman Press, 1968.

CHAPITRE 3

La source de notre liberté

Nous connaissons tous les paroles de Jésus: «La vérité vous rendra libre.» (*Jn* 8,32) Pendant mes études, j'ai été fasciné par cette promesse. Je comprenais qu'elle signifiait: quiconque étudie beaucoup et accumule beaucoup de connaissances peut se mouvoir librement dans ce monde. Précisément, les études m'ont appris plus tard que le mot «vérité» dans l'évangile de Jean a un sens tout différent de ce que j'avais pensé au début.

Chaque fois que le mot «vérité» se présente dans les Écritures, il renvoie toujours au mot hébreu *emeth*. Ce mot est difficile à traduire parce qu'il vient d'une culture complètement différente. Il serait peut-être utile de voir rapidement le symbole qui exprime le sens du mot *emeth*. Ce symbole est le roc. Sur le roc, on peut construire. Le roc est ferme et solide. *Emeth* dans l'Écriture signifie la fiabilité ultime. Si nous traduisons le mot *emeth* par vérité — et c'est habituel — alors il faut le comprendre dans le sens d'une vérité existentielle plutôt que d'une vérité intellectuelle. *Emeth*, c'est la vérité sur laquelle on peut construire son existence, la fondation qui est solide et stable. Le mot «amen», soit dit en passant, a la même racine que *emeth* et exprime une approbation forte et bien sentie : c'est ainsi !

Autour de 1950, le père Augustin Bea qui devint plus tard le cardinal Bea, était recteur de la *Biblicum* à Rome. Le pape Pie XII le chargea de préparer une nouvelle traduction latine des psaumes. Au lieu de traduire *emeth* par *veritas* (vérité) comme on le faisait d'habitude, le père Bea choisit le mot *fidélité*. D'après lui, le mot *fidélité* rend mieux ce qu'implique le mot hébreu *emeth*. Évidemment, ce n'est qu'une tentative. Un concept si essentiel et fondamental ne peut pas passer dans une autre langue par un seul mot, parce que tout un monde de culture et de religion résonne en lui.

Emeth se rapproche de l'amour inconditionnel de Dieu, qui est le fondement absolu de notre vie. C'est l'amour de Dieu que je ne peux pas gagner puisqu'il est là avant même que j'existe. Que je ne peux pas perdre non plus, aussi mauvaise que soit ma conduite, car cet amour est éternel. J'ai, cependant, le choix d'accepter ou de rejeter cet amour. Mais même quand je le rejette, il demeure quand même. C'est ce que je voulais dire au chapitre précédent quand j'ai parlé de la branche sur laquelle je suis assis et que je coupe sans pour autant tomber.

Au chapitre troisième de l'Exode, le Nom divin par excellence est révélé, le Nom Yahvé (yhwh). C'est le nom sacré, si saint qu'aucun Juif orthodoxe n'osera jamais le prononcer. Sa signification, « Je Suis Qui Je Suis », demeure à jamais insondable. Le nom de Dieu, comme l'être même de Dieu, demeure mystérieux, un équilibre unique entre proximité et distance. Il est significatif que Dieu révèle son nom dans le contexte d'une libération. le Nom « Je Suis Qui Je Suis » garantit la présence de Dieu et établit notre liberté. Le nom nous appelle à vivre comme une image et un partenaire et un collaborateur de «Je Suis Qui je Suis», à l'égard de Dieu et de notre prochain. Le nom est pour nous une promesse et une mission. C'est notre tâche d'accueillir et de vivre cette présence et cette liberté, et cela constitue un immense défi.

En 1939, Erich Fromm publia un livre intitulé: *Escape from Freedom*. Dans son avant-propos, l'auteur expliqua que le livre était inachevé mais que diverses circonstances le forçaient à le publier quand même. Il dit clairement que ces circonstances étaient la montée du national socialisme qu'il considérait avec raison comme une terrible menace. Dans ce livre, il fait une brillante analyse de la psychologie de ce mouvement. Il résume son idéologie de base en une phrase: frappe l'inférieur à coups de pied et flatte le supérieur.

La liberté chrétienne signifie l'exact opposé. Nous sommes appelés à nous pencher sur le pauvre et le démuni et à agir avec droiture et un authentique respect de soi envers les supérieurs (et tous les autres également). La liberté évangélique signifie attention, respect, bonne volonté pour aider les plus vulnérables, les pauvres et les marginalisés: «En vérité, je vous le dis, tout ce que vous avez fait à l'un des plus petits de mes frères ou sœurs, c'est à moi que vous l'avez fait.» (*Mt* 25,40) En même temps, cette liberté se caractérise par une saine estime de soi, un vrai sens de sa valeur et une absence de peur à l'égard de ceux et celles qui sont en autorité: «Je ne vous appelle plus serviteurs... je vous ai appelés amis.» (*Jn* 15,15)

Cette liberté nous est accordée sans que nous l'ayons méritée, mais pas pour rien. Elle doit être vécue. Alfred Delp, s.j., a écrit peu avant d'être pendu par les nazis à Berlin: «L'origine de la liberté humaine se trouve dans la rencontre avec Dieu.» Oui, de la rencontre avec Dieu naît la liberté.

Cela peut sembler étrange, mais l'Ancien Testament commence vraiment au chapitre trois du livre de l'Exode.

L'Exode chapitre trois et non le premier chapitre de la Genèse constitue le début de la Bible. Dans ce chapitre trois commence la sortie des Israélites de l'Égypte. Cet événement considérable transforma une foule d'esclaves travaillant sous la domination de Pharaon en une nation, le peuple choisi de Dieu. La transformation s'est produite par une terrifiante manifestation de Dieu, une rencontre inoubliable avec la puissance du Très Haut à laquelle ont réfléchi les générations suivantes. Après cette expérience de libération de l'esclavage en Égypte, avec toutes les merveilles qui l'ont accompagnée, Israël, dans une évolution ultérieure de sa foi en Dieu, revint en arrière, en quelque sorte, dans le temps. Israël découvrit alors que ce Dieu, «Je Suis Qui je Suis», qui l'avait délivré de l'esclavage est en fait le Dieu du monde entier, le Créateur de l'univers. Le récit du Jardin de l'Éden (*Gn* 2) et de la chute d'Adam et Ève (*Gn* 3) a été écrit en fait cinq siècles après l'exode de l'Égypte. Le récit de la Création (*Gn* 1) arrive deux siècles plus tard. Après l'exode, Israël réfléchit en reculant dans le temps. Le prophète Isaïe saisit cette évolution dans un seul verset : «Ainsi parle le Seigneur, votre sauveur, qui vous a formés depuis le sein de votre mère : Je suis le Seigneur qui a fait toutes choses, qui seul a déployé les cieux ; quand j'ai déployé la terre, qui était avec moi ?» (44,24) Ce seul verset contient le tout. D'abord, c'est le Seigneur qui parle, votre sauveur, celui qui vous a rachetés et libérés. Ensuite, Dieu affirme que c'est lui, Dieu, qui vous a formés dans le sein ; donc Dieu n'est pas seulement votre sauveur, mais aussi votre créa-teur. Et puis, Dieu n'est pas seulement *votre* créateur, mais le Créateur de toutes choses.

La liberté fait partie intégrante de la dignité humaine et des droits humains. Les gens prient et combattent, souffrent et même meurent pour leur liberté. Au cours de l'histoire, il y eut bien des guerres de libération, et cela continue aujourd'hui. À une plus petite échelle, nous sommes témoins de «guerres» semblables dans des familles, des communautés, dans l'Église, chaque fois que la liberté et la dignité humaines sont en jeu. Il existe aussi des caricatures et de fausses conceptions du véritable sens de la liberté. Un confrère qui a travaillé longtemps en Indonésie comme missionnaire me racontait qu'à Djakarta (qui s'appelait Batavia en ce temps-là), les gens croyaient qu'ils n'auraient plus à payer dans les tramways après la libération du régime colonial hollandais, parce qu'alors ils seraient libres. C'était une incompréhension de ce qu'est la liberté. Ils sous-estimaient leur propre responsabilité à l'égard du bien commun de toute la société.

Dans nos vies personnelles, il se produit aussi des incompréhensions au sujet du sens de la liberté. Si nous observons en toute sincérité et autocritique ce qui se passe en nous sous la surface, nous découvrons bientôt que les plus grands dangers pour notre liberté ne viennent pas de l'extérieur mais de l'intérieur. Les pires tyrans vivent dans notre propre cœur. Bien des libertés, à long terme, se révèlent être des dépendances d'une façon ou d'une autre. Quand nous saisissons cela, nous comprenons que la lutte pour la liberté sera une lutte de toute la vie avec nous-mêmes. Le chemin est long pour devenir une personne libre. Saint Paul écrit: «Car bien qu'il y ait, soit au ciel, soit sur la terre, de prétendus dieux (et de fait, il y a quantité de dieux et quantité de seigneurs) pour nous, en tout cas, il n'y a qu'un seul Dieu, le Père, de qui tout vient et pour qui nous sommes, et un seul Seigneur, Jésus Christ, par qui tout existe et par qui nous sommes.» (*1 Co* 8,5-6) Oui, il y a beaucoup de dieux et de seigneurs dont nous devons nous libérer. Dieu nous y appelle et nous garantit que c'est possible.

Nous luttons pour obtenir cette liberté pour nous-mêmes, et nous devons l'accorder librement aux autres. Ce qui importe ce n'est pas tellement la liberté que nous réclamons pour nous et pour notre groupe mais plutôt la liberté que nous laissons aux autres et à leurs groupes. Ces deux aspects de la liberté sont intimement liés.

Avant que Moïse ne s'embarque dans la grande aventure de la libération de son peuple d'Égypte, il reçut un signe de Dieu : «Je serai avec toi, et voici le signe qui te montrera que c'est moi qui t'ai envoyé. Quand tu feras sortir le peuple d'Égypte, vous servirez Dieu sur cette montagne. » (*Ex* 3,12) En général, un signe ne fonctionne que dans une relation. Car un signe est par nature ambigu : il peut toujours être interprété de diverses façons. Plus la relation est étroite, plus grande est la capacité de saisir ce que le signe veut exprimer. C'est pourquoi les mères et les amoureux sont des experts pour «saisir des signaux» — c'est-à-dire pour percevoir et interpréter les signes. Il en est de même pour Dieu. Les signes que Dieu nous donne ne peuvent être compris que dans un contexte de foi dans le Dieu vivant ; autrement, ils n'ont pas de sens. Le culte à Dieu sur le mont Sinaï est proclamé par «Je Suis Qui Je Suis» comme un signe de la présence et de l'intervention libératrice de Dieu. L'adoration nous ouvre à l'action de Dieu et, ainsi, nous libère.

Dans la dernière partie de son livre *Le Seigneur*, au quatrième chapitre, Romano Guardini pose la question suivante : «L'esprit peut-il devenir malade ? » — pas le psychisme ou l'intelligence, mais l'esprit. Il répond affirmativement à sa question ; cela peut arriver, lorsque la relation à la vérité devient trouble. Si une personne ne traite pas sincèrement avec la vérité, l'esprit devient malade. Cette situation est bien pire qu'une maladie physique ou psychique. Guardini demande ensuite si un esprit malade peut être guéri. Et de nouveau, il répond affirmativement; la guérison se produit dans l'adoration, parce que, dans l'adoration, la relation à la vérité est clarifiée. Dans l'adoration, le cœur est renouvelé dans la vérité, les relations sont rétablies dans la droiture et l'esprit est purifié. Dans l'adoration, nous laissons Dieu être Dieu.

Une hymne du IVe siècle supplie le Christ : « Ô toi notre Médecin, guéris notre liberté. Qu'elle soit sanctifiée et bénie par toi. Ne cesse pas d'aider notre liberté parce que sa guérison dépend de toi. » Quelqu'un qui prie ainsi sait combien notre liberté est en danger. Ce qui était vrai non seulement au IVe siècle, mais l'est aussi au XXIe.

Les dix commandements sont présentés deux fois dans l'Écriture : dans *Exode* 20 et *Deutéronome* 5. Quand nous les avons appris enfants, nous commencions par les mots : « Je suis le Seigneur ton Dieu… » puis les dix commandements, les dix injonctions suivaient. Nous les apprenions comme des ordres sévères émanant de la plus haute autorité. Cependant, si nous nous arrêtons attentivement à ce que dit l'Écriture, nous aurons une surprise. Les dix commandements sont tous énoncés dans un contexte de liberté. Ils commencent ainsi : « Je suis le Seigneur ton Dieu qui t'ai fait sortir d'Égypte, ce lieu d'esclavage. » Je t'ai libéré. Et je veux que tu sois libre et que tu le deviennes de plus en plus. C'est pourquoi je te donne dix directives fondamentales pour assurer que ta liberté se maintienne et progresse.

Les dix commandements sont la *Magna Carta*, la Grande Charte de la liberté. Ils proclament solennellement que Dieu est l'origine et la garantie de notre liberté. Ils expliquent ce que la liberté implique vraiment, dans la perspective de Dieu. Ils déclarent que la liberté est un don et une tâche, une grâce et un commandement. Prenons le temps de les considérer un à un, du point de vue de Dieu.

Le premier commandement: Vous serez libre si vous ne laissez rien égaler Dieu. Dieu est le guide englobant de toute votre vie. Si vous laissez Dieu être Dieu, alors vous êtes une personne libre. Si vous adorez Dieu [seul] tout le reste est relatif, au double sens de ce mot. Tout sera englobé dans votre relation avec Dieu. Tout sera saisi en liaison avec Dieu. Nous nous réjouirons de trouver Dieu en tout et tout en Dieu. Et dans l'autre sens du mot: tout devient relatif, comparatif, et cesse d'être un absolu. Si vous honorez et adorez Dieu, alors les priorités de votre vie trouvent leur ordre véritable. Alors seulement nous pouvons faire des choix responsables. De cette façon, la limpidité, la transparence et la liberté s'installent dans nos vies.

Le second commandement: Vous serez libre si vous mettez votre confiance dans le nom de Dieu, «Je Suis Qui Je Suis» ou «Je suis là pour toi». Alors vous éprouverez que Dieu vous libère quand vous êtes contraint, fait la lumière dans vos ténèbres et vous délivre de vos angoisses. Le nom de Dieu ouvre les portes à la vie. Sachez que Dieu apparaîtra dans votre vie — souvent de façon surprenante, et chaque fois de façon différente! Vous ne pouvez pas capter Dieu dans une image; c'est pourquoi vous n'êtes pas supposé faire une image de Dieu. Si vous enfermez Dieu dans une image, vous allez passer à côté du Dieu vivant sans même vous en apercevoir! Si vous créez un portrait de Dieu, vous n'êtes plus ouvert pour une rencontre authentique avec le Dieu vivant. Le nom le plus juste de Dieu, d'après le frère David Steindl-Rast, est: «Surprise!»

Le troisième commandement: Observez le sabbat et sanctifiez-le. Vous serez libre si vous reconnaissez que les réalisations et les succès ne sont pas le plus important dans la vie. Ne laissez pas les autres vous définir, ni par leurs éloges ni par leurs critiques. Vous portez en vous une part divine où Dieu vous aime et vous respecte inconditionnellement. Dans ce centre intérieur de votre être, vous trouvez la paix que les autres ne peuvent ni vous donner ni vous ravir.

Plusieurs, malheureusement, mesurent leur valeur à leurs réalisations : je suis ce que j'accomplis. Tel est le monde et, malheureusement, telle est même notre Église. Les réalisations nous assurent une réputation. Nous, chrétiens et chrétiennes, maintenons que l'élément le plus important de notre vie est notre relation à Dieu, notre foi et notre prière, et surtout notre amour. Mais en réalité, les meilleurs sont ceux qui réalisent beaucoup de choses. Et qui n'aime pas être un des meilleurs ? Pourtant, fonder notre valeur sur nos réalisations nous coûte cher. Le commandement au sujet du sabbat vise à nous éviter précisément une telle perte. Votre vie vaut infiniment plus que vos réalisations. Ne vous laissez pas définir par vos réalisations, parce que l'adoration des idoles conduit inévitablement à la ruine. Plutôt, prenez régulièrement le temps de célébrer ce don de Dieu qu'est la vie. Savourez le sabbat comme un jour de repos dans le Seigneur. Le pape Jean XXIII avait coutume de se dire : « Ne te prends pas tellement au sérieux ! » Et alors, il pouvait s'endormir.

Le quatrième commandement : « Honore ton père et ta mère, pour vivre longtemps sur la terre que le Seigneur ton Dieu t'a donnée. » Vous serez libre si vous pouvez être reconnaissant pour ce que vos parents vous ont donné, si vous pouvez faire confiance à l'origine de votre vie, si vous pouvez vous accepter avec votre passé et avec tout ce que votre passé a fait de vous. Il est certainement très important que vos parents vous acceptent comme vous êtes, mais c'est également vital que vous acceptiez vos parents comme ils sont ou comme ils étaient. Eux aussi sont des personnes qui ont besoin de plus d'amour qu'ils n'en méritent. Aussi longtemps que vous ne les acceptez pas, vous ne pouvez pas vous épanouir complètement. Bien des gens ont des difficultés avec leurs parents, rejetant leur philosophie de la vie, leur interprétation de leur foi, leur éducation, ou le climat de la famille, pour ne pas parler de choses bien plus pénibles. Le chemin de la réconciliation et de la guérison peut être long et difficile. Mais comme adultes, nous ne pouvons pas esquiver cet effort, par considération pour nos parents et pour nous-mêmes. Souvent, la réconciliation avec les parents entraîne une meilleure acceptation de soi et une paix plus grande vis-à-vis de sa propre histoire. Ce qui libère une grande énergie.

Le cinquième commandement : « Tu ne tueras pas. » Vous serez libre si vous pouvez accepter la vie des autres comme un don. Ne considérez pas les autres comme des rivaux ou des adversaires que vous tentez de dépasser, mais découvrez dans le caractère unique de l'autre un enrichissement à chérir. N'oubliez jamais que tout ce qui est mauvais sort d'un cœur jaloux. L'envie est une menace pour la vie. La grande Thérèse d'Avila disait : « La comparaison est la mort de la vie spirituelle. » Elle en parle avec beaucoup de force. Elle ne dit pas que l'envie nuit à la vie spirituelle, mais que c'est la fin de la vie spirituelle ! Celle-ci est alors finie. Vous pouvez bien fréquenter l'église, porter une croix, mais votre vie spirituelle est morte. Quiconque se compare ne porte plus attention à Dieu, mais louche vers l'autre, et finit par être ou mécontent et découragé ou présomptueux et arrogant. Cette personne n'est plus centrée sur Dieu, une avec Dieu.

Le sixième commandement : « Tu ne commettras pas l'adultère. » Vous serez libre si vous pouvez aimer les autres sans vouloir profiter d'eux. N'utilisez jamais une personne comme un moyen pour réaliser vos propres projets ou vos fins. N'attachez pas les gens à vous, mais aidez-les à trouver leur fondement en Dieu. Ne les réduisez pas en esclavage. Le respect est au cœur de l'amour.

Le septième commandement : « Tu ne voleras pas. » Quiconque s'agrippe à quelque chose ou à quelqu'un n'est pas libre. Vous serez libre et capable d'apprécier sans envie les dons et les possessions des autres, si vous pouvez remercier Dieu de tout cœur pour les biens et les dons de l'autre. Les possessions ne vous rendent pas libre. La liberté naît en renonçant, encore et encore, de sorte que vous ne soyez pas possédé par les choses. Soyez habituellement reconnaissant. La gratitude vous rend libre.

Le huitième commandement : « Tu ne rendras pas de faux témoignage contre ton prochain. » Vous serez libre si vous êtes franc. « La vérité vous rendra libre » (*Jn* 8,32) ; la vérité ici est comprise comme la véracité. Mentir détruit la confiance. Si notre vie devient un habile mensonge, nous détruisons notre propre bonheur. Le manque de sincérité nous emmêle dans un filet de plus en plus complexe de faussetés. Nous sommes confinés derrière des façades qui deviennent de plus en plus branlantes. Nous perdons ainsi de plus en plus d'énergie et ne trouvons jamais la paix véritable. Plus nous sommes limpides, plus nous rayonnons le bonheur.

Le neuvième commandement : « Tu ne désireras pas l'épouse de ton voisin. » Vous serez libre quand vous pourrez accepter les liens et les relations telles qu'elles existent. Ne tentez pas de vous imposer aux autres ou d'acheter leur amitié. On peut désirer l'amitié, mais on ne peut pas la faire. Si nous nous préoccupons d'une amitié, nous pouvons la détruire parce que alors nous tournons ce don tout intérieur vers l'extérieur, tirant sur quelque chose qui doit simplement *être*, pour en faire quelque chose à *saisir*. L'expérience de l'amour véritable est toujours un don qu'on ne mérite pas.

Le dixième commandement: «Tu ne convoiteras pas la maison de ton prochain… ou quoi que ce soit qui lui appartienne.» Vous serez heureux si, du fond du cœur, vous êtes satisfait. La concupiscence vient d'un cœur obsédé par le désir intérieur de posséder quelque chose à tout prix. Souvent le manque de reconnaissance pour ce que l'on a reçu en est la racine.

Au Congrès catholique de Berlin en 1980, l'épouse d'un médecin est venue partager avec l'auditoire comment elle était arrivée de façon très personnelle à la liberté intérieure. Son histoire conclut très bien ce chapitre.

> La vie d'une mère est une grande aventure. Pas une seule journée se passe sans surprises. Je veux partager avec vous une aventure qui a changé ma propre vie et celle de ma famille de façon considérable. Je suis la mère de cinq enfants qui ont maintenant 21, 20, 19, 15 et 9 ans. Je suis maintenant une mère heureuse, mais il n'en fut pas toujours ainsi. À une certaine époque, — il n'y a pas si longtemps — j'étais très malheureuse. J'ai constaté que je ne pouvais plus aider mes enfants lorsqu'ils avaient des problèmes. Nous ne nous comprenions plus. Les enfants avaient pris leur distance à l'égard de mon mari et de moi. La situation en vint au point où le stress psychologique a affecté ma santé. Le cœur me manquait; je ne dormais plus la nuit. L'atmosphère, dans notre famille, était très tendue.
>
> J'ai beaucoup prié. Un jour, j'ai demandé au Seigneur: «Seigneur, vous seul pouvez m'aider. Dites-moi ce que je dois faire!» Et j'ai reçu une réponse: «Redonne-moi tes enfants. Je te les ai confiés pour un temps pour que tu les accompagnes. Mais, maintenant, remets-les dans mes mains. Tu ne penses pas que je peux les guider mieux que toi?» Et c'est ce que j'ai fait — avec beaucoup de peine et une joie profonde. J'ai redonné au Seigneur chacun de mes enfants avec ses faiblesses et ses défauts, son charme et son amour, ses espoirs et ses rêves.

Comme les choses ont changé depuis lors! Je n'ai plus peur, quoi qu'il arrive à mes enfants. S'ils suivent des voies que je ne comprends pas, je reste assurée: Dieu les tient dans ses mains. Tout ira bien.

Quelque chose d'autre a changé: notre vie de famille! Parents et enfants, nous nous sommes retrouvés de nouveau. Maintenant, en fin de semaine, les enfants reviennent de l'université à la maison pas seulement pour faire laver leur linge, mais ils ont hâte de retrouver la joie d'être ensemble, de partager les uns avec les autres nos expériences et nos conversations. J'ai l'impression que le Seigneur m'a redonnée mes enfants d'une tout autre façon. Merci, mon Dieu!

Ta vérité, Seigneur mon Dieu,
libère chaque personne
qui est emprisonnée en elle-même.
Tu nous as appelés à la liberté
et à devenir des hommes et des femmes
selon l'image et l'esprit de Jésus le Christ.
Nous t'en supplions
donne-nous la force
que sa vie nous a d'abord procurée,
donne-nous l'ouverture
qu'il a préparée pour nous,
rends-nous accueillants et libres
pour que, avec Toi,
nous puissions vivre pour ce monde,
aujourd'hui et chaque jour,
pour les siècles des siècles.

CHAPITRE 4

Je ne comprends pas ce que je fais

L'amour de Dieu pour nous, pour chacun de nous tels que nous sommes est le contenu de notre foi. Nous ne pouvons pas mériter l'amour de Dieu; et nous ne pouvons pas le perdre. Cet amour est éternel. Il nous libère. Quand nous sommes vraiment capables d'y croire, nous n'avons rien à perdre et nous sommes libres, de la même façon que Jésus. Dans la mesure où nous croyons à cet amour, nous sommes aussi capables de nous accepter nous-mêmes. Là est la source de la liberté authentique. Aussi longtemps que nous ne nous acceptons pas nous-mêmes, nous ne pouvons pas être vraiment libres, en particulier dans nos relations. Le manque d'acceptation de soi provoque en nous une tendance à être égoïstes, à essayer de nous attacher les autres, à nous agripper, à profiter des autres et donc, évidemment, à être déçus fois après fois, encore et encore.

Notre liberté implique aussi — et cela est effrayant — que nous pouvons ou bien accepter l'amour de Dieu ou le rejeter. Cependant, il est rare que nous jouions au jeu de la vie pour d'aussi forts enjeux. Rejeter l'amour de Dieu n'est pas quelque chose que nous faisons facilement. D'habitude, nous ne jouons pas à quitte ou double. Nous préférons jouer pour de la petite monnaie. Nous acceptons et proclamons l'amour de Dieu à notre baptême, à notre confirmation et à d'autres moments importants de notre vie. Dans chacun et chacune d'entre nous, cependant, se trouve aussi un autre mouvement, une tendance à nous éloigner de Dieu. Là réside le vrai danger : que nous disions « oui » et qu'en même temps nous retenions quelque chose ; que nous nous laissions attirer vers Dieu, tout en gardant une distance prudente. Après tout, Dieu est « un feu consumant » (*He* 12,29), et personne ne veut se faire brûler. Alors, il y a deux mouvements. Il y en a un vers Dieu, habituellement à petits pas ; nous mettons beaucoup l'accent sur ce mouvement. Nous en parlons beaucoup, nous lisons des ouvrages à ce propos ; c'est le sujet des homélies et des sermons. L'autre mouvement éloigne de Dieu. On le mentionne rarement, mais il est toujours là. En autant qu'il est ignoré, il est d'autant plus dangereux. Il se nourrit de compromis, de conditions implicites, de demi-vérités.

C'est ainsi que fonctionne bien souvent la dynamique de nos vies : nous nous approchons de Dieu, puis nous revenons en arrière — en partie. Les compromis nous paralysent. Ils épuisent notre énergie et notre joie. Ils attaquent comme la rouille qui ronge même l'acier, causant des fissures, par exemple, dans un pont. De la même façon, notre « oui » hésitant dit à Dieu affaiblit la fibre même de nos vies, même si nous n'en remarquons souvent les effets que bien plus tard. Nos compromis et nos demi-mesures sont si plausibles et semblent si logiques. Nous pouvons les justifier avec beaucoup de conviction. Pourtant, au fond de notre cœur, nous savons que quelque chose ne va pas.

Dans sa lettre à l'Église de Laodicée, le voyant du livre de l'Apocalypse écrit : « Je connais tes œuvres ; je sais que tu n'es ni chaud ni froid. Je souhaiterais que tu sois froid ou chaud. Alors, parce que tu es tiède, ni chaud ni froid, je te vomirai de ma bouche (3,15-16). On pourrait difficilement traduire de façon plus claire l'intolérance de Dieu à l'égard de la tiédeur. La théologie et la spiritualité parlent du mystère du mal, *mysterium iniquitatis*. Cela réfère au terrible mystère par lequel nous refusons radicalement notre Créateur. Mais peut-être que le fait que nous pouvons dire «oui» en général à Dieu et en même temps lui dire «non» pour certains aspects est encore plus terrible. Cela est si opaque que nous ne le voyons pas bien nous-mêmes et que, par conséquent, nous sommes portés à en sous-estimer la malice et à l'écarter du revers de la main avec un mot élégant comme «la condition humaine». Avec ce mot, nous dissimulons beaucoup de choses.

Romano Guardini a souffert une mort longue et doulou-reuse. Quand son ami Walter Dirks vint le visiter, Guardini, mourant, lui dit: «Je vais mourir bientôt et je devrai rendre compte de ma vie et je tenterai de le faire de mon mieux.» Puis il ajouta en élevant quelque peu la voix: «Mais j'ai une ques-tion à poser moi aussi. Quand je rencontrerai Dieu, je veux lui demander ce qu'il en est du mystère de la souffrance. Je n'y comprends rien du tout.» Alors je me dis à moi-même: si Guardini n'y comprenait rien alors qu'il y était plongé, nous ne serons pas capables de le comprendre non plus: *mysterium iniquitatis*, si nous considérons la souffrance et la mort comme un mal, comme quelque chose d'obscur.

L'expression «le mystère du mal» a sans doute un sens encore plus lourd et c'est ce que la tradition a réellement en vue par cette expression: non seulement la souffrance, mais tout spécialement la *culpabilité* est mystérieuse. Notre culpa-bilité est sombre et obscure, incompréhensible et impénétrable. Dans la nature, il y des insectes qui, en même temps que leur poison venimeux, injectent un anesthésique de sorte que leur proie devient comme engourdie et ne saisit pas clairement ce qui lui arrive. Dans le péché, quelque chose de semblable se produit. La culpabilité est la lente asphyxie de l'esprit, si nous concevons l'esprit comme le centre le plus intime de notre être, notre relation vivante avec Dieu. Chacun et chacune de nous, nous accumulons dans nos vies notre propre culpabilité personnelle qui constitue avec le temps une chaîne aux multiples chaînons. Cette chaîne attache et contraint et étouffe toutes nos relations, y compris notre relation avec Dieu.

Une histoire hassidique signale de façon éloquente la racine cachée et presque imperceptible du mal. Le rabbin Jizchak Meir disait : « Quand quelqu'un assume un poste de direction, beaucoup de choses sont nécessaires : un bureau, un pupitre, des chaises, un administrateur, un concierge, etc. Et alors vient l'ennemi malfaisant qui enlève le point le plus central, mais tout le reste demeure et la roue continue de tourner, seul le point central manque. » Le rabbin élève alors la voix : « Que Dieu nous vienne en aide ; cela ne doit pas se produire ! » Le point central c'est l'union à Dieu. C'est bien possible d'avoir une organisation qui fonctionne sans ce point central. Pourtant le centre intérieur est irremplaçable ; lui seul donne du sens à notre existence et à nos activités. Est-ce que nous ne mettons pas parfois bien facilement en danger ce centre intérieur ? Sommes-nous conscients de ce qui se produit là ? La culpabilité se glisse habituellement sans qu'on la remarque, souvent sous figure de bonnes intentions et de bon sens. C'est ainsi que le mal persiste comme un grand mystère.

Considérons rapidement quatre aspects de ce mystère. D'abord, l'aspect intellectuel. Notre intelligence semble inapte à traiter avec la culpabilité. C'est pourquoi Sören Kierkegaard remarque : « Personne n'est capable de reconnaître par lui-même le péché. Précisément parce que nous sommes nous-mêmes dans le péché, tout ce que nous disons du péché est fondamentalement une façon de le diluer.» Le péché est essentiellement tromperie, mensonge, dénégation, et par conséquent il obscurcit notre compréhension. C'est plus facile qu'on ne le pense de tromper sa conscience et de s'adapter à ce qui n'est pas bon.

La culpabilité camoufle ses intentions et sa visée jusqu'à ce que la mauvaise décision soit prise et qu'elle soit peut-être irrévocable. C'est seulement lorsqu'il est trop tard que son impact dévastateur se révèle. C'est pourquoi la révélation chrétienne ne commence pas par notre propre expérience, qui est inévitablement opaque et en général inaccessible. Plutôt, elle nous transmet la Parole de Dieu qui nous confronte. Cela peut parfois produire un choc qui nous soit salutaire, espérons-le. Peut-être que nous aussi, comme David, avons besoin à l'occasion d'être secoués. Je trouve abominable la relation de David avec Bethsabée (*2 S* 11-12) — l'adultère du roi avec l'épouse d'un de ses militaires parti au combat. Mais ce qui se produit ensuite me semble encore plus renversant — comment David réprime sa culpabilité et emploie des moyens détournés pour faire croire aux gens que l'enfant qui va naître a été engendré par Urie. Tout son pouvoir — et le pouvoir d'un roi est considérable — sert à tromper. Son premier geste est de faire revenir Urie à l'occasion d'une permission inattendue, dans l'espoir qu'il couche avec sa femme. Cependant, Urie passe la nuit dans les baraques avec les autres soldats, à la grande déception du roi. Le lendemain, David invite Urie à un grand banquet et l'enivre. Oui, le grand psalmiste David! Après cette beuverie, cependant, Urie est assez lucide pour ne pas aller chez lui, mais retourne encore une fois aux baraques. Le lendemain, David envoie Urie au front avec un message pour Joab:

«Placez Urie au premier rang, là où le combat est le plus féroce. Puis retirez-vous et laissez-le se faire frapper à mort.» Incroyablement, David ne se rend pas encore compte qu'il a péché, gravement péché.

Alors le prophète Nathan vient à lui avec une parabole concise mais adaptée — à propos d'un homme riche qui tue l'unique brebis d'un pauvre paysan pour la servir lors d'un splendide banquet. David réagit spontanément et avec véhémence : «Comme le Seigneur est vivant, l'homme qui a fait cela mérite la mort!» Pris dans les filets du mal qu'il a commis, David ne saisit pas encore la pointe de cette parabole! *Mysterium iniquitatis*. Nathan doit l'accuser carrément : « *Tu* es cet homme!» Alors David reconnaît sa culpabilité et est assez noble pour l'admettre. Les écailles tombent de ses yeux et il voit son immense culpabilité — oui, c'est bien lui, cet homme.

Saint Paul exprime bien l'incompréhensibilité du péché dans un texte classique : «Je ne comprends pas ce que je fais. Car je ne fais pas ce que je veux, mais je fais ce que je hais… Car je ne fais pas le bien que je veux et commets le mal que je ne veux pas… Malheureux homme que je suis! Qui me délivrera de ce corps de mort?» (*Rm* 7,15,19,24) Je ne me comprends pas du tout… soupire saint Paul.

Un deuxième aspect est encore plus important. Non seulement mon intelligence ne comprend pas la culpabilité, mais mon cœur ne peut pas la porter. Nous sommes facilement tentés de réprimer cette chose, c'est-à-dire de la cacher dans le subconscient. Alors nous ne la connaissons plus et apparemment le problème est disparu. C'est exactement ce qu'a fait David de sa faute contre Urie : il l'a chassée de sa conscience. À la grande joie des psychologues d'aujourd'hui, Jésus dit : «Chaque personne qui fait le mal hait la lumière et ne vient pas à la lumière pour que ses œuvres ne soient pas manifestées. » (*Jn* 3,20) Le mal veut demeurer dans les ténèbres. C'est son lieu favori. Dans l'ombre, il peut proliférer. C'est son monde. Le mal ne veut pas monter à la surface. Je suis émerveillé de constater que cette intuition est si clairement identifiée dans les psaumes : « Mais qui s'avise de ses faux pas ? Purifie-moi du mal caché. » (*Ps* 19,13) D'autres traductions parlent de culpabilité inconnue. Cela peut, en effet, arriver : une culpabilité dont je ne suis pas conscient. À la fin du beau psaume 139, une pensée semblable est exprimée : « Scrute-moi, ô mon Dieu, connais mon cœur, juge-moi, connais mon souci. Vois que mon chemin ne soit fatal et guide-moi sur les chemins d'éternité. » (v. 23-24)

Les auteurs de l'Ancien Testament savaient apparemment que la personne coupable a tendance à réprimer sa culpabilité. C'est encore le cas. Beaucoup de culpabilité, même une culpabilité grave, est réprimée, niée, cachée, écartée ou dissimulée par des paroles habiles. Les anciens Chinois essayaient de chasser les mauvais esprits par des bruits. C'est une méthode encore en usage ! Mais il y a des façons plus subtiles, plus cultivées de nous libérer du poids de notre culpabilité. Quiconque se débrouille bien avec les mots et emploie un riche vocabulaire peut envelopper ce qui est blâmable de façon à le rendre innocent et même attrayant. Quelqu'un qui est de mauvaise humeur ou impatient ou plein de préjugés, par exemple, peut se dissimuler derrière un maquillage délicat. Cela paraît bien. Dans les milieux religieux, certaines personnes jouent ce jeu très habilement.

Un troisième aspect du mystère du mal est plus pratique. Le mal que je commets est toujours un mélange d'impuissance et de mauvaise volonté. Ces deux éléments sont toujours présents, mais à des degrés divers. Il y a toujours une part de faiblesse dans notre culpabilité. Personne ne choisit le mal de façon complètement libre. Nous n'avons pas à chercher le mal, il se présente de lui-même. Au début, nous résistons, mais après un temps nous cédons. Notre faiblesse prend le dessus. Cet élément de fragilité est toujours là : nous ne voulions vraiment pas le mal, pourtant nous l'avons fait. L'autre élément est aussi toujours présent : notre ombre, notre malice, le mal qui est en nous. Après tout, c'est moi qui choisis de faire cela, c'est ma décision. Il y a toujours une part de libre choix.

Dorothee Sölle raconte l'expérience d'un de ses amis qui était aumônier dans une prison de New York. Un jeune homme était condamné pour avoir tué sa mère. Le pasteur, sans doute avec les meilleures intentions, mais aussi avec un certain manque de sensibilité, lui trouvait toutes sortes d'excuses : « Tu as grandi à Harlem et tu as connu tellement de violence ; tu as reçu trop peu d'amour dans ton enfance ; la vie a bien peu de sens pour toi. » Et quoi encore. À un moment donné, le prisonnier perdit patience et cria : « Taisez-vous ! J'ai *tué* ma mère et c'est *mal* ! » Le pasteur était tout surpris.

Qu'est-ce qui se passait là ? Un scénario très dangereux. Fondamentalement, le pasteur disait au prisonnier : « Tu ne pouvais pas faire autrement. » Il enlevait ainsi au jeune homme ses dernières miettes d'estime de soi. Heureusement, le prisonnier était assez éveillé pour le percevoir et assez honnête pour refuser les conséquences du message qu'on lui imposait. Cette histoire peut nous enseigner la leçon importante de prendre au sérieux la culpabilité, la nôtre et celle des autres. Si nous ne le faisons pas, nous ne prenons pas au sérieux non plus la personne derrière cette responsabilité. Pardonner n'est pas du tout la même chose que d'atténuer les faits.

L'approche juste consiste à ne jamais perdre de vue la combinaison et l'interaction de ces deux éléments : la faiblesse et la malice. Isoler le premier voudrait dire : nous voulons, mais nous ne pouvons pas. Le second tout seul signifierait : nous pouvons, mais nous ne le voulons pas vraiment. Il est vital de comprendre que les deux composantes ne sont pas clairement séparées, mais se réunissent et s'interpénètrent. Nous sentons notre faiblesse, mais trop facilement nous négocions un compromis. Nous éprouvons notre incapacité à vivre de façon cohérente mais nous cédons prématurément. Il vaut la peine de sonder, le plus loin possible, les causes les plus profondes de cette impuissance ; en dernière analyse, nous portons nous-mêmes la responsabilité de notre conduite. Comment agir avec ces deux parts de nous-mêmes ? Comme nous ne pouvons pas établir une frontière précise entre la faiblesse et la mauvaise volonté, nous ne pouvons pas non plus déterminer la mesure exacte de notre culpabilité. Assez souvent on trouve des gens qui veulent savoir précisément jusqu'à quel point ils sont coupables. Cela peut devenir une obsession. Ce chemin, cependant, conduit à une impasse et détourne l'attention de ce qui est bien plus important — la contrition et le pardon.

Voilà une leçon utile pour la vie quotidienne. Notre culpabilité est souvent liée à des blessures infligées par d'autres. Mais comment réagir à ces blessures ? Si nous ne nous en occupons pas volontairement d'une façon saine, nous pouvons facilement infliger inutilement des souffrances aux autres et donc devenir coupables nous-mêmes. Les traumas qui n'ont pas été assumés peuvent facilement déclencher le mensonge, les excès de manger, de boire, de travailler, le sadisme, l'intransigeance, la rivalité malsaine et l'orgueil. Ces tentatives maladroites et stériles pour vivre avec ses souffrances sont condamnées à l'échec. Et pourtant cela arrive souvent. Nous sommes blessés, victimes d'injustices ; nous serions portés à nous laisser obséder par cette situation, à la retourner dans nos pensées et nos paroles et, à partir de là, à réagir aux autres ; ainsi, à notre tour, nous blessons les autres et devenons coupables, nous aussi. Souvent, nous ne remarquons pas que de cette façon nous sommes prisonniers d'un cercle vicieux que nous maintenons et même étendons. Ainsi la victime devient facilement un agresseur. Dans une telle situation, il est bon de se calmer, de regarder en face ses blessures sans céder aux désirs de vengeance ou d'apitoiement sur soi-même, et de chercher une voie de réconciliation. Alors seulement quelque chose de nouveau peut commencer.

Dans ce domaine, il existe toutes sortes de liaisons souterraines qui demeurent sombres et obscures. C'est utile de savoir que nous touchons ici au royaume des ténèbres et que nous devons être sur nos gardes pour ne pas nous empêtrer dans des obsessions et des fixations lugubres et désastreuses. Elles bloqueraient la voie à la réconciliation. Une fois encore, la vérité nous rendra libres.

Le quatrième aspect est étroitement lié au troisième : nous ne pouvons jamais exprimer complètement notre culpabilité. Nous ne pouvons le faire que partiellement. Plusieurs d'entre nous avons, sans doute, fait cette expérience. Après une bonne confession ou après une réconciliation face à face qui nous a libérés, nous étions très conscients de n'avoir pas tout dit. C'est exact et très perspicace. Nous ne pouvons pas tout dire, nous ne pouvons pas exprimer toute notre culpabilité. Et ce n'est pas nécessaire. Ni Dieu ni l'Église n'exigent cela de nous. Comptant sur la bonne volonté du lecteur pour me comprendre correctement, je me risquerais à dire : toute confession est symbolique. Ce que nous confessons représente beaucoup plus. Peut-être qu'une analogie peut être utile. La culpabilité est comme un iceberg. Quatre-vingt-dix pour cent de tout iceberg flotte sous l'eau à l'abri des regards. Seulement dix pour cent est visible. C'est la loi de la nature selon la gravité propre de la glace. Notre culpabilité est de même. La pointe de notre culpabilité émerge, devient visible et nous en sommes conscients. Cependant, il y en a bien plus qui reste caché et invisible — l'avantage du subconscient ! J'aimerais poursuivre cette image un peu plus. Il y a toujours des gens qui tournent autour de l'iceberg et tentent de le soulever. Ils devraient savoir que c'est impossible. Ce qu'on dégage d'un côté, on le perd de l'autre. C'est toujours dix pour cent versus quatre-vingt-dix pour cent. Dieu ne veut pas que nous fassions quelque chose d'aussi malsain, et l'Église non plus ne l'exige pas de nous. C'est suffisant de reconnaître et de confesser ce dont nous sommes conscients, sans faire trop d'effort. Le centre de gravité du sacrement de réconciliation se trouve dans le pardon de Dieu, pas dans notre examen de conscience ni dans notre confession. Il y a un réel danger à déformer et biaiser la confession au point que Dieu n'en soit plus le centre.

Quand les ténèbres de notre culpabilité, de nos petits et grands éloignements deviennent si épaisses et si obscures, alors une réaction saine au mystère du mal n'est possible que comme une grâce, un don, plutôt que comme le résultat de nos efforts. Nous ne pouvons pas nous donner la contrition ; nous devons la recevoir. La contrition que nous produisons nous-mêmes est trop sévère et tendue et parfois même imprégnée du désir de nous justifier devant Dieu. La contrition authentique comprend en soi tous les fruits de l'esprit : paix, confiance, patience, douceur — oui, même la joie (*cf. Ga* 5,22). Quand ces qualités manquent à notre contrition, alors elle relève trop de nous. Il vaut mieux nous épargner cette tâche. Dans le troisième chapitre des *Lamentations*, nous trouvons ceci :

> Voici ce qu'à mon cœur je rappellerai
> pour reprendre espoir :
> les faveurs du Seigneur ne sont pas finies,

ni ses compassions épuisées;
elles se renouvellent chaque matin,
grande est sa fidélité...
Yahvé est bon pour qui se fie à lui,
pour l'âme qui le cherche.
Il est bon d'attendre en silence
le salut de Yahvé (3,21-26).

La contrition authentique grandit en nous quand nous fixons notre attention sur Dieu et non sur nous-mêmes. Il peut y avoir une conscience de notre culpabilité qui est trop fixée sur nous. Ce n'est pas sain et Dieu ne le veut pas. Dans l'Écriture, la prise de conscience de nos péchés n'est pas méticuleuse et détaillée. Elle prend sa source dans la rencontre avec Dieu. Après la pêche miraculeuse, Pierre dit: «Éloigne-toi de moi, Seigneur, car je suis un pécheur.» (*Lc* 5,8) La contrition de Pierre n'a pas été le fruit d'un rapide examen de conscience, mais le reflet de la gloire de Dieu qui rayonne en Jésus. Pierre a su alors intuitivement et profondément qu'il était pécheur. Isaïe eut une expérience similaire: «Malheur à moi, je suis perdu!... Mes yeux ont vu le Roi, le Seigneur des armées!» (6,5)

Pour un chrétien, la meilleure façon d'arriver à la connaissance de soi-même et à la contrition, c'est la contemplation de Jésus sur la croix. Contempler Jésus est la façon la plus rapide et la meilleure de devenir conscient de sa culpabilité et de s'ouvrir à l'amour miséricordieux de Dieu. Quand nous nous attachons à la croix, nous ne pouvons pas masquer notre culpabilité, ni dire: ce n'était pas si mal après tout. D'autre part, Jésus sur la croix nous sauve du découragement et du désespoir. La croix est la pire chose que l'humanité pouvait faire au Ciel; et en même temps, la croix est le don le plus précieux que le Ciel a fait à la terre — l'amour jusqu'au bout. Fixons notre attention sur cela.

Alors nous deviendrons conscients de notre culpabilité, notre répression sera libérée et la porte s'ouvrira à la grâce. Alors, aussi, nous pouvons vaincre la tentation de croire que la miséricorde de Dieu n'est pas pour nous, puisque notre culpabilité est si grande. Alors nous avons un pressentiment que nous sommes déjà pardonnés. «Chez toi est le pardon et de cela nous vivons.» (*Ps* 130,4)

Mon Dieu, ton nom
est avec nous sur terre
depuis l'origine,
un nom si plein de promesse
qui nous a permis de continuer à marcher.
Mais dans la vie et la mort de Jésus
tu as révélé ton nom.
Toi, notre Père, tu peux être trouvé
en lui, en tout temps.
Il est ta parole et ta promesse
totalement.
Nous te demandons
d'être attirés à lui
et ainsi d'en venir
à te connaître de plus en plus,
aujourd'hui et chaque jour,
pour toujours.

CHAPITRE 5

Nous avons tous besoin de pardon

Le prophète Michée se demande : « Qui est comme toi, le Dieu qui enlève la faute et prend plaisir à pardonner ? » (7,18) Dieu est heureux de pardonner. Nous pouvons avoir des difficultés avec le sacrement de réconciliation : confesser les mêmes péchés encore et encore — cela doit être ennuyeux pour Dieu. Une telle façon de penser, cependant, est un parfait exemple de projection. Nous attribuons ainsi à Dieu quelque chose que *nous* trouvons difficile. Dieu nous connaît bien mieux que nous ne nous connaissons nous-mêmes : « Car Dieu est plus grand que notre cœur et sait toute chose. » (*1 Jn* 3,20) Dieu connaît nos faiblesses particulières, là où nous faillissons si souvent. Dieu sait que nous avons tous des péchés. De notre point de vue, il est bien naturel que nous soyons souvent déçus de nous-mêmes et qu'éventuellement nous soyons tentés de penser : ce n'est pas si mal, c'est un aspect de moi-même, c'est ma façon d'être. Certains pourraient aller jusqu'à conclure : c'est ainsi que Dieu m'a fait. Cela affaiblit notre sens du péché et notre ardeur à progresser. Cela conduit à un compromis misérable avec nos faiblesses et un choix délibéré de la médio-crité. Par nos fautes nous pouvons grandir, à condition que nous ne nous en accommodions pas mais plutôt que nous apprenions à toujours vivre du pardon de Dieu.

La traduction habituelle du psaume 130, verset 4, se lit ainsi : « Chez toi est le pardon, afin que l'on te craigne. » Une autre traduction possible serait : « Chez toi est le pardon, *et de cela nous vivons.* » Le pardon est une nourriture saine. Si elle n'est pas à notre menu pendant une certaine période de temps, la santé de notre esprit en est affectée aussi sûrement que notre corps devient malade s'il manque de certaines vitamines pour une longue période.

« Qui est comme toi, le Dieu… qui prend plaisir à pardonner ? » Dieu n'a pas à faire un grand effort pour pardonner. Au contraire, Dieu se réjouit de pardonner. Le pardon est l'achèvement de l'amour. Dans le pardon, l'amour atteint sa plus grande pureté, profondeur et force, et, ainsi, le pardon engendre une vie nouvelle. Cela est d'autant plus vrai pour l'amour de Dieu.

Le prophète Sophonie propose un texte puissant. Écoutez ces mots personnellement, comme dits à chacun et chacune de vous individuellement :

> Pousse des cris de joie, fille de Sion !
> une clameur d'allégresse, Israël !
> Réjouis-toi, triomphe de tout ton cœur,
> fille de Jérusalem !
> Yahvé a levé la sentence qui pesait sur toi ;
> il a détourné ton ennemi.
> Yahvé est roi d'Israël au milieu de toi.
> Tu n'as plus de malheur à craindre.
> Ce jour-là on dira à Jérusalem :
> Sois sans crainte, Sion !…
> Yahvé, ton Dieu, est au milieu de toi,
> héros sauveur !
> Il exultera pour toi de joie,

Il te renouvellera par son amour ;
il dansera pour toi avec des cris de joie,
comme aux jours de fête (3,14-17).

Ayons la patience et le courage de laisser pénétrer les mots sans les diluer, sans fausse modestie ni manque de foi. Laissons Dieu être Dieu. Dieu se réjouit en nous. Il se réjouit en nous et le montre sans le cacher. Dans le même esprit, Baruch reprend ce thème dans son chapitre 5 : « Qui est comme toi, Dieu… qui te plaît à pardonner ? » S'il vous plaît, lisez-le vous-même et savourez-le.

Jésus décrit cette joie de Dieu de façon encore plus belle et plus chaleureuse. Dans l'évangile de Luc, au chapitre 15, il raconte trois paraboles — la brebis perdue, la drachme perdue et le fils prodigue. Les trois visent le même but. Trois fois dans les paraboles, il est question de la joie de celui qui retrouve. D'abord la joie du berger. J'imagine que la brebis retrouvée éprouva, elle aussi, une grande joie, mais cette joie n'est pas mentionnée. Ce n'est pas l'objectif. Le message porte sur la joie du berger. « Quand il retrouve sa brebis, il la met sur ses épaules avec une grande joie et, en arrivant à la maison, il appelle amis et parents et leur dit : "Réjouissez-vous avec moi parce que j'ai trouvé ma brebis perdue." » La deuxième parabole nous parle de la joie de cette femme qui, après avoir soigneusement balayé son plancher de terre, découvre finalement sa drachme perdue. « Quand elle retrouve sa pièce de monnaie, elle rassemble parents et amis et leur dit : "Réjouissez-vous avec moi parce que j'ai retrouvé la pièce que j'avais perdue." » Jésus compare Dieu à cette maîtresse de maison qui se traîne à genoux à travers toute la maison pour chercher sa drachme perdue. Dieu cherche partout ceux et celles qui se sont perdus. De nouveau, il s'agit de la joie de celui qui trouve !

Finalement, Jésus parle de la joie du Père. Sans aucun doute, le fils prodigue a été ravi par l'accueil chaleureux et la bonté exceptionnelle de son père. Pourtant, cette joie du fils n'est pas mentionnée du tout dans la parabole ; de nouveau, ce n'est pas le thème. Il s'agit uniquement de la joie du Père, notre Dieu.

Quelques chapitres plus tôt, Jésus était rempli de joie et s'exclamait, poussé par l'Esprit saint : « Je te rends grâce, Père, Seigneur du ciel et de la terre, parce que tu as caché ces choses aux sages et aux savants mais que tu les as révélées aux petits. Oui, Père, telle a été ta volonté… personne ne sait qui est le Fils, sauf le Père, et qui est le Père sauf le Fils et quiconque à qui le Fils veut le révéler. » (*Lc* 10,21-22) C'est exactement ce que fait Jésus dans ce chapitre quinzième : nous révéler qui est le Père. Il le fait dans ces trois paraboles présentant chacune un portrait de ce Père qui se réjouit de nous trouver.

La joie du Père ! Jésus vit dans cette joie et il désire nous la faire partager. « Je vous ai dit ces choses pour que ma joie soit en vous et que votre joie soit totale. » (*Jn* 15,11 ; *cf.* 16,24 et 17,13) Il veut nous transmettre une abondance de joie. Cela se produit *par excellence* dans notre expérience d'être pardonnés. Déjà, le nom de Jésus exprime cela, surtout dans l'explication qu'en donne Matthieu. Un ange apparaît à Joseph et lui dit : « Joseph, fils de David, ne crains pas de prendre chez toi Marie, ton épouse. Car c'est par l'Esprit saint que l'enfant qu'elle porte a été conçu. Elle enfantera un fils et tu l'appelleras Jésus, parce qu'il sauvera son peuple de leurs péchés. » (1,20-21) Il est intéressant de noter que Matthieu ici est allé au-delà de l'étymologie. Le nom araméen Jeschua signifie littéralement « Dieu sauve ». Les mots « de leurs péchés » ont été ajoutés par Matthieu pour décrire la mission de Jésus sans ambiguïté aucune et ainsi préciser son identité. « Il sauvera son peuple de leurs péchés. » Voilà par-dessus tout la joie que Jésus désire nous apporter. Ainsi, il veut nous révéler le Père, et nous rendre capables d'entrer dans sa relation avec le Père. Ceux et celles qui croient en lui et sont conduits par l'Esprit de Dieu sont enfants de Dieu. « Car vous n'avez pas reçu un esprit d'esclavage pour retomber dans la crainte, mais vous avez reçu un esprit d'adoption qui vous fait crier "Abba, Père !" » (*Rm* 8,15) Ainsi nous pouvons dire « Abba, Père ! » comme Jésus le dit. Demandons la grâce de connaître et d'aimer le Père de façon à ce que nous aussi puissions prier en toute confiance et joie « Abba, Père », mettant de côté toute arrogance et toute hésitation. Puissions-nous ainsi être touchés par la miséricorde et la bonté de Dieu.

La parabole du fils prodigue (ou plus exactement « du père miséricordieux ») est appelée « *Evangelium in Evangelio* » « l'Évangile dans l'Évangile », le cœur de la Bonne Nouvelle de Jésus. Elle est si simple qu'un enfant la comprend et si profonde que personne ne peut en sonder pleinement les profondeurs. L'histoire commence avec la demande du plus jeune fils pour sa part d'héritage. Il y a droit, mais il la veut avant le temps. Il ne peut pas attendre que son père meure ; il la veut tout de suite. Il veut maintenant ce qui lui serait donné plus tard. Il présente sa réclamation brutale et égoïste sans aucun respect pour les sentiments de celui qui la lui donne. Il exige une autonomie qui ne tient pas compte de sa dépendance actuelle.

Le père respecte la libre volonté de son fils même si ce dernier abuse de sa liberté. Le père est un sage qui comprend que ce départ est inévitable — aucune force au monde ne pourrait l'empêcher. Il n'exerce aucune pression, ni pour que son fils reste, ni pour qu'il revienne éventuellement. Dieu ne force jamais. Nous constatons ici la grandeur de la puissance de

Dieu et l'ouverture de l'amour de Dieu. Dieu veut sûrement gagner notre amour et notre dévouement mais il nous laisse toujours complètement libre. Même dans les situations les plus critiques, Dieu respecte notre liberté.

La parabole décrit aussi les conséquences de la faute : vide et isolement, aucune relation et aucune communication. Tant que le jeune homme avait de l'argent, il avait aussi beaucoup d'amis. Mais une fois l'argent parti, les amis ont disparu. Dans sa grande détresse, il finit avec les pourceaux. Jésus décrit ainsi sèchement la profondeur de sa misérable situation. Les pourceaux étaient considérés en Israël comme des animaux impurs et aucun Juif ne serait entré en contact avec eux. Pire encore : les pourceaux ont quelque chose à manger alors que le fils, lui, n'a rien pour apaiser sa faim.

Ayant touché le fond, le jeune homme retrouve son bon sens. Il se rappelle son père et, en pensant à lui, il trouve le courage de revenir chez lui. Je concède que son motif n'est pas des plus élevés ; c'est la faim et la pensée que, chez son père, il aurait quelque chose à se mettre sous la dent. Peut-être que chaque retour vers Dieu est, à quelque niveau, une conséquence de la faim. « Notre cœur est sans repos jusqu'à ce qu'il trouve en toi son repos », note saint Augustin.

Quand le besoin est le plus aigu, le fils commence à se libérer de ses entraves et fait le premier pas vers sa libération, vers la vraie vie. « Je me lèverai et j'irai à mon père et je lui dirai "Père, j'ai péché contre le ciel et contre vous". » Il parle clairement des deux dimensions : verticale et horizontale. Une contrition venue à maturité voit toujours ces deux aspects. Oui, il avouera à son père : « J'ai péché… »

Exprimer sa faute est le signe d'une contrition véritable. Au contraire, se préoccuper d'une culpabilité qui se retourne sur elle-même sans jamais s'exprimer devient débilitant, déprimant. Une prise de conscience aussi malsaine reste emprisonnée dans un monologue, dans un cercle vicieux. La prise de conscience authentique de sa faute, d'autre part, conduit au dialogue, à la confession explicite. Exprimer sa culpabilité est un besoin humain profond. Le fils prodigue ajoutera : « Père, je ne mérite plus d'être appelé ton fils ; traite-moi comme un de tes serviteurs. » Dans une confession vraie, nous abandonnons volontiers toutes nos prétentions en nous appuyant sur une nouvelle conviction : « Chez toi est le pardon et de cela nous vivons. » (*Ps* 130,4)

Quiconque a expérimenté une telle contrition et un tel pardon en vient à un nouveau mode de vie. Il est changé. Sa position dans la communauté est différente. Quiconque a expérimenté la réconciliation est libéré du souci au sujet de son image et de son prestige, de la peur de perdre la face. Le pardon libère et enrichit notre vie. Nous nous savons alors soutenus, avec nos forces et nos faiblesses, le bien et le mal en nous, par Dieu qui s'est déjà réconcilié avec nous. Nous n'avons plus besoin de diminuer les autres personnes pour nous relever nous-mêmes, de mettre les autres dans l'ombre, mais nous pouvons laisser les autres rayonner et se réjouir avec nous. Il n'est plus nécessaire d'avoir toujours raison et d'être toujours le meilleur, mais les autres peuvent partager, eux aussi, ce privilège. La préoccupation pour ce qui nous avantage cède la place à la joie devant les succès des autres. Ce style de vie devient possible quand nous vivons dans le pardon.

Le fils met courageusement en œuvre sa résolution de couper avec son passé : « Alors il se leva et se mit en route vers son père. » Maintenant nous arrivons au point culminant de la parabole. « Alors qu'il était encore loin, son père l'aperçut et fut saisi de compassion. Il courut vers son fils, le serra dans ses bras et l'embrassa. » En Palestine, jamais un supérieur n'irait vers un inférieur. Aucun patriarche ne serait le premier à se lever. Il attendrait, bien assis, et recevrait les hommages du plus jeune. Mais le père, dans cette parabole, est différent des autres pères. Il ne se demande pas : « Que dois-je faire ? Le recevoir ou le renvoyer ? Quelles conditions vais-je lui imposer ? » Non, l'émotion prédominante du père en est une de miséricorde immense et de joie intense. « Qui est comme toi, le Dieu... qui prend plaisir à pardonner ? »

Voilà ce qui frappe d'abord le fils, la joie immense de son père. C'est aussi la dernière chose qu'il attendait. Je suppose que le fils, en route vers la maison, imaginait dans sa tête toutes sortes de scénarios : comment son père pouvait possiblement réagir à son retour, et comment lui-même répondrait à cette réaction. Mais *cette possibilité-là* ne lui était pas venue à l'esprit. Son imagination n'osait pas aller jusqu'à voir son père courir vers lui et le serrer dans ses bras, plein de joie. La joie du père ! Ici se trouve le cœur de la parabole. Cette joie immense est le signe et l'expression de l'amour du père. Le père n'aurait pas été aussi heureux s'il avait compté son fils pour rien.

Une petite phrase de Werner Bergengruen nous introduit plus profondément dans cette parabole : « L'amour prouve son authenticité dans la fidélité, mais il atteint à sa plénitude dans le pardon. » Cette vérité profonde s'applique non seulement à l'amour humain mais aussi à l'amour de Dieu. L'amour de Dieu prouve son authenticité dans la fidélité et trouve son achèvement dans le pardon. Puisque Dieu *est* amour par essence, nous pouvons dire que l'être de Dieu s'achève, pour ainsi dire, dans le pardon. Nous pouvons ainsi comprendre quelque peu pourquoi Dieu trouve une joie si excessive dans la miséricorde. Dieu est plus Dieu en pardonnant ; tel est le secret de la joie de Dieu. Pouvoir expérimenter quelque chose de cette joie divine est, pour chacun et chacune de nous, une grande grâce. Dans le cantique de Zacharie, nous prions ainsi : « Tu donneras au peuple de Dieu la connaissance du salut par la rémission de ses péchés, grâce à la tendresse, à l'amour de notre Dieu quand nous a visités l'astre d'en haut. » (*Lc* 1,77-78)

La connaissance du salut, la tendre miséricorde de Dieu, l'Astre d'en haut qui nous visite — tout cela se produit dans le pardon des péchés. Voilà ce que Zacharie annonçait, ce que Werner Bergengruen résumait et ce que le fils prodigue a expérimenté.

Nous avons vu au chapitre 2 que l'amour de Dieu ne se fonde sur rien. Dans le pardon, nous pouvons éprouver cette vérité. Nous venons, non seulement avec des mains vides — si encore elles étaient vides ! — mais avec des mains pleines des morceaux brisés de nos vies. Et pourtant, nous sommes accueillis par une réception grandiose et une joie surabondante, avec la plus belle robe, des souliers et un anneau, avec un dîner de fête et de la musique. Ainsi, nous pouvons vraiment expérimenter que l'amour de Dieu est fondé sur rien et qu'il n'impose aucune condition. Ainsi, nous rejoignons le fondement de notre vie. Dans le sacrement de la réconciliation, nous pouvons éprouver, du fond de notre cœur, que même coupables, dans nos plus mauvais moments, nous sommes pleinement acceptés et cordialement accueillis. Cela nous donne un aperçu de l'immensité de l'amour du Père. Le père enveloppe son enfant de son amour comme d'une robe de fête. Le vocabulaire du père est plein de joie et de fête, de mon fils et mon enfant, du trouvé et revenu à la vie. Le vocabulaire du fils décrit la faim et le besoin, les pourceaux et l'isolement, le travailleur embauché et le serviteur inutile. Le pardon transfère littéralement le fils dans le monde de son père. « Dieu nous a arrachés à l'empire des ténèbres et nous a transférés dans le

Royaume de son Fils bien-aimé en qui nous avons la rédemption, la rémission des péchés. » (*Col* 1,13-14)

La réconciliation a toujours des ramifications globales et même cosmiques. Dans nos réconciliations personnelles, la paix s'empare de notre petit monde, une paix qui alors se répand bien au-delà des limites de nos propres cœurs. En même temps une certaine réconciliation et guérison du vaste monde se produit. Cela commence quand, dans nos propres cœurs, un petit peu plus du règne de Dieu se communique à notre monde troublé et se répand en ondes toujours croissantes de pardon, de réconciliation et d'amour.

Tous et toutes, surtout les plus avancés en âge, avons bien appris comment nous préparer au sacrement de réconciliation. Mais la plupart d'entre nous prêtons peu d'attention à ce qui suit la confession. C'est vraiment un domaine sous-développé de notre tradition. Évidemment, nous complétons notre pénitence et peut-être que nous consacrons un peu de temps à une courte prière d'action de grâce. Mais c'est habituellement tout. Et c'est bien triste, parce que ce qui vient *après* la confession n'est pas moins important que ce qui vient avant elle. Sûrement, cela ne demande pas moins de temps. Accepter et assimiler le pardon est un processus qui demande du temps et ne devrait pas être arrêté prématurément. Ce processus est complet seulement quand nous nous sommes pardonnés à nous-mêmes et que nous sommes vraiment en paix.

Après la confession, il y a une double joie. D'abord, la joie du soulagement de nous être confessés. Puis, il y a une deuxième joie: la joie avec laquelle Dieu pardonne et dans laquelle il nous invite littéralement à entrer. La joie de notre Dieu! La grande surprise pour le fils prodigue fut la joie de son père. Il ne s'y attendait d'aucune façon. La joie de son père l'a touché profondément et l'a réjoui. La grâce dont nous parlons ici consiste à éprouver et à goûter quelque chose de cette joie du père. Évidemment, nous ne pouvons pas produire cette joie, mais nous pouvons nous ouvrir à elle et prier pour l'obtenir. Cette joie est très importante, parce que c'est seulement dans la joie que la vie nouvelle naît et s'épanouit. La force de volonté et les résolutions ne peuvent pas produire du fruit qui demeure. Mais ce qui naît dans la joie a un avenir.

Dieu ne minimise pas notre culpabilité et il n'excuse pas notre péché. Au contraire, Dieu prend très au sérieux notre culpabilité, jusqu'à en mourir. Dieu n'écarte pas notre culpabilité du revers de la main. Le Dieu toujours fidèle à son alliance absorbe la souffrance de ceux et celles qui sont infidèles. Cette rupture de l'alliance conduit Dieu à la passion de l'amour, la passion de la croix. « L'amour de Dieu nous pousse à la pensée que, si un seul est mort pour tous, alors tous sont morts. Et il est mort pour tous, afin que les vivants ne vivent plus pour eux-mêmes, mais pour celui qui est mort et ressuscité pour eux. » (*2 Co* 5,14-15) Dans ce message de saint Paul, la représentation, comme idée biblique et réalité profonde, joue un rôle vital. À la fin de ce passage, il écrit : « Celui qui n'avait pas connu le péché, Dieu l'a fait péché pour nous, afin qu'en lui nous devenions justice de Dieu. » (*2 Co* 5,21) Les péchés de l'humanité ont dépensé toute leur malice et leur énergie dans la mort de Jésus, et ainsi ils ont perdu leur aiguillon. La voie de la réconciliation est maintenant ouverte.

Le bénédictin anglais Sebastian Moore saisit cette réconciliation dans une image profonde. Le mal, écrit-il, est présent de façon diffuse partout dans notre monde, et également en nous, en moi, comme une poussière très fine, comme un gaz qui pénètre toutes choses. Il est présent en tout ce que nous faisons mais il est impossible à saisir, comme une espèce d'éther. Cependant, lorsque le Saint des Saints entre dans le monde, le mal tout à coup se cristallise. Le mal, qui a toujours été si subtil, devient massif et dense. Et comme un poing, il cloue le Saint à la croix. Il dissipe toute sa colère sur la personne de Jésus, jusqu'à sa mort. La mort de Jésus n'est pas une cruelle rançon payée au Père. Plutôt, dans la mort de Jésus, le mal a dépensé toute son énergie et, par conséquent, il a perdu sa puissance.

Seigneur Dieu,
quiconque a finalement réglé ses comptes avec toi
peut toujours revenir à toi —
il n'y a rien qui ne puisse être restauré avec toi.
Seul ton amour ne sera jamais révoqué.
Nous t'en prions, ô Dieu,
rappelle-nous ton nom
pour que nous revenions de nouveau vers Toi.
Sois notre père et notre mère
encore et encore
et donne-nous la vie,
comme un bonheur que nous ne méritons pas,
aujourd'hui et chaque jour
pour toujours et toujours.

CHAPITRE 6

«*Je vous ai choisis pour que vous alliez et portiez du fruit*»

Le couronnement du pardon vient, assurément, de ce que la personne qui est pardonnée reçoit de nouveau toute la confiance de celle qui pardonne et est de nouveau investie d'une mission. Peut-être peut-on interpréter ainsi le mot «ré-mission». La mission est toujours une affaire de confiance. En hébreu, le mot *shaliach* signifie une personne qui est envoyée. La mission joue un rôle important et très beau dans la culture juive et, par conséquent, dans les Écritures.

Le chapitre vingt-quatre de la *Genèse* raconte comment Abraham, «déjà avancé en âge», envoya son serviteur le plus ancien, Éliézer, à Haran pour trouver une épouse pour son fils Isaac. C'est un magnifique chapitre. La conduite très digne d'Éliézer n'a rien de servile. Il choisit parmi les biens de son maître dix chameaux, des bijoux d'or et d'argent et de beaux vêtements. Il en a besoin pour sa mission. Puis il se met en route vers Haran d'où vient originellement son maître Abraham et où il a encore de la famille. Là aussi sa conduite est courtoise et noble et, en même temps, pleine de respect pour son maître. Il ne perd jamais de vue les intentions d'Abraham, même si le repas est servi, il ne se met pas à table avant d'avoir expliqué le message de son maître, car il sait qu'Abraham agirait ainsi. Il combine harmonieusement une conviction et une force de persuasion très grandes, fidèle aux intentions de son maître. Pas même dans ses rêves ne pourrait apparaître une pensée qui le détournerait de sa mission. La mission est une affaire de confiance et il ne portera pas atteinte à cette confiance. Il vient comme émissaire d'Abraham ; cela influence toute sa manière d'être.

Éliézer vient chercher une épouse pour le fils unique de son maître. Voilà un bon exemple de mission dans la vie familiale. La culture juive en est pleine. De plus, les missions religieuses abondent aussi. Les rabbins utilisent une maxime qui dit : « Le *shaliach* est comme la personne qui l'envoie », comme son alter ego. L'essence de la mission est la relation de confiance entre celui qui envoie et celui qui est envoyé. Ces deux personnes doivent être en harmonie. Il importe peu que la mission suppose un voyage, long ou court, ou pas de voyage du tout. La mission peut se vivre *in stabilitas loci*, la stabilité dans leur abbaye à laquelle les bénédictins s'engagent, comme à l'Abbaye de Sainte-Hildegarde. Dans le langage contemporain, *mission* a souvent la connotation d'une réalisation impressionnante qui permet, à la fin, de dire avec fierté : « mission accomplie ». Ce n'est pas un élément indispensable du concept biblique de mission ; il ne s'agit pas nécessairement de quelque chose de grand. Le plus important, c'est la confiance que le maître accorde à son *shaliach* et que celui-ci tente d'honorer à tout prix.

Nous pourrions décrire la mission comme une représentation. Le *shaliach* re-présente son maître, sa maîtresse. Si nous prenons le mot *représentation* dans son sens littéral, le plus riche, ce pourrait être la meilleure définition de la mission. Le *shaliach* rend le maître présent et actif. Par le *shaliach*, le maître parle et agit. Ce que le *shaliach* accepte, promet ou signe, lie le maître, non seulement moralement mais aussi légalement. Le maître donne, en quelque sorte, à son *shaliach*, un chèque en blanc et se lie par avance aux décisions que prendra le *shaliach*. Une telle confiance est comprise dans la mission.

Cela suppose, chez le *shaliach* un désintéressement indispensable. Il serait absurde d'envoyer en mission une personne intéressée. Seules des personnes oublieuses d'elles-mêmes peuvent représenter leur maître. Dans le *shaliach*, il doit y avoir place pour la personne qui l'envoie. Il serait peut-être plus juste de dire que quiconque accepte une mission doit être transparent. Le maître doit briller à travers lui. Il faut une grande limpidité pour que le maître soit vu à travers son émissaire.

Plus je vieillis, plus la transparence devient importante pour moi. Les mots peuvent parfois avoir peu de valeur. Les motifs de nos actions peuvent être bien mêlés, même sans que nous le sachions. La transparence, cependant, est sans ambiguïté. La lumière brille au travers. Voilà ce qu'il faut.

Jésus était une personne tout à fait transparente. «Qui me voit, voit le Père.» (*Jn* 14,9) Le Père brillait à travers lui. Se mettre de l'avant est à l'opposé de la mission et de la transparence. L'égoïsme trouble, assombrit et, ultimement, détruit la crédibilité. Dans les Écritures, on trouve plusieurs instances du principe dit du *shaliach*, dont Jésus se sert régulièrement : «Amen, amen, je vous le dis, qui reçoit celui que j'ai envoyé me reçoit et qui me reçoit, reçoit celui qui m'a envoyé.» (*Jn* 13,20) Nous trouvons aussi ce principe sous forme négative. «Qui vous rejette, me rejette.» (*Lc* 10,16) Voici un autre exemple où Jésus s'écrie : «Qui croit en moi ne croit pas seulement en moi mais aussi en celui qui m'a envoyé et qui me voit voit celui qui m'a envoyé. » (*Jn* 12,44-45)

Lors de son baptême, Jésus prit très consciemment sur lui sa mission. Ce fut un moment lourd de sens, et un événement très intime qui prit place entre le Père et le Fils dans le Saint-Esprit (sous la forme d'une colombe, comme dit l'Écriture). Jean le Baptiste fut témoin de ce baptême et entendit la voix du Père. Dans son baptême, Jésus s'est remis totalement au Père et s'est offert pour la mission que le Père lui confiait. Il est très conscient que toute sa vie est en jeu, qu'il a été « oint pour apporter de bonnes nouvelles aux pauvres et proclamer la libération aux captifs » (*Lc* 4,18). Cela consumera toute sa personne — en fait, toute sa vie. Sa vie publique, sa passion et sa mort sont des conséquences de ce baptême. Tout y est compris. Jésus avait besoin de trente ans de vie cachée pour se préparer à ce baptême, pour accepter sa mission ; les trois années qui restent lui seront nécessaires pour réaliser son baptême. Il le fera dans la plus totale consécration et fidélité.

Qu'est-ce qui a permis cette fidélité ? Écoutons, dans l'évangile de Jean, Jésus nous dire : « Ma nourriture c'est de faire la volonté de celui qui m'a envoyé et d'accomplir son œuvre. » (*Jn* 4,34) La volonté aimante de son Père donne forme à sa vie, est le contenu même de sa vie, est la nourriture dont il se nourrit. « Je suis descendu du ciel non pour faire ma volonté mais la volonté de celui qui m'a envoyé. » (6,38) Il est complètement transparent. « Celui qui m'a envoyé est avec moi. Il ne me laisse pas seul, parce que je fais toujours ce qui lui plaît. » (8,29) La mission réside dans l'union à Dieu et l'union à Dieu n'existe que dans la mission : s'abandonner à Dieu, du matin au soir et encore pendant la nuit. C'est dans un tel abandon aimant que Jésus a vécu son union avec le Père. Il en est de même pour nous. Quand nous nous savons *envoyés* et que nous vivons de cette mission, nous sommes uns avec le Dieu-qui-envoie. Hors de l'union à Dieu, la mission n'est pas possible, de même que hors de la mission, l'union à Dieu est impossible.

Les racines de la mission de Jésus sont très profondes. Elles s'enfoncent jusque dans l'insondable mystère de la Trinité. Là, à la source de tout amour et de toute vie, nous trouvons aussi l'origine de toute mission. De toute éternité, le Fils est sorti du Père, et le Père a donné la plénitude de la divinité au Fils. Le mystère de la Trinité implique de donner la vie en se vidant sans cesse de soi. Le Père se donne tout entier au Fils sans aucune réserve — le Fils se rend complètement au Père sans aucune réserve. C'est ce que font les amoureux : ils se donnent complètement afin d'engendrer la vie. Comment serait-ce autrement pour Dieu-qui-est-amour ?

Quand la plénitude des temps fut venue, la procession du Fils à partir du Père se continua dans la mission du Fils dans le monde. Cette mission se situe également dans le contexte de la *kénose* : « Il s'est anéanti lui-même prenant la forme d'esclave ; devenant semblable aux hommes. S'étant comporté comme un homme, il s'humilia plus encore, devenant obéissant jusqu'à la mort et la mort sur la croix. » (*Ph* 2,7-8) Quand la vie terrestre de Jésus prit fin, Jésus prononça deux fois la même phrase, une fois sous forme de prière (*Jn* 17,18) et une fois en s'adressant à ses disciples : « Comme le Père m'a envoyé, moi aussi je vous envoie. » (*Jn* 20,21) La mission, il en vivait et il vivait pour elle ; elle formait le contenu de sa vie. Cette mission, il la transmit à ses disciples. Nous devons continuer sa mission. À l'avenir, Jésus n'a pas d'autres mains, d'autre bouche et d'autre cœur que les nôtres. Saint Paul saisit l'essence de cette mission dans ces simples mots : « Je vis, non ce n'est plus moi qui vis, mais le Christ qui vit en moi. » (*Ga* 2,20)

Nous trouvons là à la fois le sens et l'éternelle destinée de nos vies : « Ceux et celles que d'avance il a prédestinés à reproduire l'image de son Fils, afin qu'il soit l'aîné d'une multitude de frères et de sœurs. » (*Rm* 8,29) Conformer nos vies à l'image du Fils de Dieu signifie devenir fils et filles de Dieu comme Jésus. Cela suppose aussi d'accepter son style de vie, de vivre comme il a vécu. Cette mission exige de nous une union intime avec Jésus comme lui-même était intimement uni au Père. Jésus exprime merveilleusement cela dans la parabole de la vigne et des sarments. Il est la vigne, nous sommes les sarments. Évidemment, un sarment qui n'est pas relié à la vigne ne peut pas porter de fruit. C'est du bois mort. Seule la sève de la vigne rend le sarment fécond. C'est la vie de Jésus qui porte fruit en nous (*Jn* 15,1-8).

Nous sommes invités à accepter notre mission de nouveau chaque jour. Je suis convaincu que la mission qui est établie une fois pour toutes est une contradiction en soi. La mission signifie de vivre les mains ouvertes. Un vieillard me fit un jour la confidence qu'il commençait chacune de ses journées en se prosternant pendant dix minutes, les mains ouvertes. Ce faisant, il donnait toute sa journée au Seigneur et acceptait tout ce que le Seigneur voudrait bien lui envoyer. Ce qui m'impressionnait chez cet homme, c'est combien il restait souple jusque dans son vieil âge, et comme il s'adaptait facilement à l'inattendu. Je présume que le secret de sa disponibilité se trouve dans les dix premières minutes de sa journée.

La mission crée une tension vitale dans nos vies. Il existe des tensions malsaines qui sont nuisibles dans la vie entre époux, dans la famille, dans une communauté religieuse, dans le milieu de travail ou dans notre vie personnelle. Mais il y a aussi des tensions vitales qui favorisent et enrichissent la vie, qui gardent souples et en forme. La mission crée une telle tension de vie. D'une part, nous sommes complètement présents où que nous soyons, sans papillonner ni rêver éveillés, mais bien centrés dans une authentique consécration du cœur et de l'âme à notre tâche. D'autre part, nous restons disponibles pour être envoyés en mission ailleurs ou d'une autre façon, n'importe quand. C'est pourquoi il est bon de reprendre de nouveau chaque matin notre mission, comme si elle était toute neuve. Peut-être que pendant plusieurs années ce sera chaque fois la même, mais il pourra arriver un jour où une mission différente se présentera. Qui demeure disponible pour accepter ce changement vit attentivement sa mission. Mais celui ou celle qui s'est tellement identifié à une tâche ou à un lieu particulier ne pourra plus changer et sera dévasté quand viendra une autre mission. Le changement pourra éveiller chez cette personne des soupçons. Qu'ai-je fait de mal ? Qu'est-ce qu'on « mijote » pour moi ? Pourquoi ce changement ? La tension vitale s'est perdue.

Toutes les personnes qui vivent authentiquement leur mission éprouvent une liberté intérieure. La mission les rend libres. À qui manque le sens de la mission, vient facilement la tentation de porter trop seul la charge. Quelqu'un a appelé ce syndrome « le complexe de Dieu » : compter trop peu sur Dieu en agissant comme si on était Dieu. Dans notre mission nous sommes portés par Dieu et la responsabilité ultime repose en Dieu.

À moins que notre sens de la mission ne reste vivant et continue de croître, nous risquons qu'il diminue dans nos vies et même qu'il meure. La mission exige qu'on en prenne soin. Nous « préparons la voie » à l'approfondissement de la mission de trois façons cruciales :

- Réserver un temps de qualité pour la prière. Décider que Dieu passe avant toutes choses, et structurer nos journées en conséquence. Apporter une qualité d'attention délibérée aux temps réservés pour la prière. Reconnaître que cette relation à Dieu est plus importante que tout.

- Assurer notre développement humain continu. Apprendre à nous connaître et prendre les moyens d'intégrer notre côté obscur, recherchant direction et conseil, cultivant l'amitié avec les autres, prenant au sérieux l'appel à devenir un.
- Choisir une discipline de vie qui nous conduise de plus en plus vers une intégrité fondamentale. Éviter les excès de nourriture et de boisson, faire de l'exercice et bien dormir. Surveiller ce que nous disons et faisons, veiller à mener une vie authentique et honnête. Préférer la transparence plutôt que d'essayer de toujours «bien paraître» aux yeux des autres[1].

Il est frappant que, dans l'évangile de Jean, Jésus dise deux phrases presque identiques : «Comme le Père m'a envoyé, moi aussi je vous envoie» (20,21) et l'autre : «Comme le Père m'a aimé, moi aussi je vous aime» (15,9). Mission et amour sont interreliés, oui, ils sont même interchangeables. La mission est la forme concrète de l'amour. Pensez à la mission comme au lit de l'amour. Une rivière a besoin d'un lit, sinon elle se perd en marais. Sans doute, le lit contraint le cours de l'eau ; le chemin du cours d'eau est fixé par le lit. D'autre part, le lit de la rivière lui assure profondeur et puissance. Sans son lit, la rivière cesse d'être une rivière. De même, la mission est le lit de notre amour. Bien sûr, la mission restreint notre amour et nous en

---

1. Ce paragraphe s'inspire des remarques du cardinal Carlo M. Martini sur les domaines vitaux où la croissance ou le déclin du sens de la mission se produit d'habitude. Voir son livre *Uomi di Pace e di Reconciliazione,* Rome, Edizioni Borla, 1985.

éprouvons parfois de la peine. Alors nous aimerions ardemment élargir le lit, en sortir. Et cependant, sans la mission notre amour s'enliserait et deviendrait stagnant. Même si elle n'est pas toujours facile, la mission est une bénédiction qui rend l'amour authentique et fort, profond et fécond.

« Être en mission c'est se reposer dans le mouvement de Dieu[2]. » Dieu est mouvement, énergie, dynamisme formidable de l'amour. De ce dynamisme naît toute la création — tel est le dynamisme de notre Dieu. En même temps, Dieu est aussi repos, parce que Dieu ne recherche aucun but, Dieu ne veut pas réaliser quelque chose. Voilà le dynamisme de l'amour. La mission, quoique active, signifie en même temps se reposer dans ce courant divin, comme si on flottait dans les vagues d'un immense océan d'amour. Alors nous vivons en harmonie avec les désirs les plus profonds de notre propre cœur, avec le fondement de notre être. Telle est l'union à Dieu.

L'évêque d'Aix-la-Chapelle, Heinrich Mussinghof, commença un jour son message pastoral pour le Carême par une analogie frappante. « Le Jourdain origine aux pieds du mont Hermon toujours couvert de neige, il coule à travers la mer de Galilée et se jette dans la mer Morte. La mer de Galilée foisonne de vie. Elle reçoit l'eau douce et la transmet. Les poissons s'y développent, les oliviers et les palmiers et toutes sortes de fleurs et de plantes s'épanouissent sur ses rives. Les oiseaux et les animaux y trouvent une nourriture abondante. La mer Morte cependant est complètement différente. Le Jourdain s'y jette mais n'y trouve pas d'issue. Le soleil brûlant en évapore les

---

2. Bartbara Hallensleben, qui créa l'expression, a été la première à écrire une étude complète et inspirante sur la théologie de la mission (*Theologie der Sendung*, Frankfurt am Main, 1994). Elle est professeure de théologie systématique à l'Université de Fribourg, en Suisse.

eaux, augmentant la salinité au point que rien ne peut y survivre. Sur ces rives on trouve à peine quelques arbres ou arbustes. On n'y trouve que le sel et le désert. » La même eau ! Là où elle peut couler librement, la fécondité abonde ; là où elle ne peut plus couler, la mer crée un désert salé, sans fruit ni vie. L'amour a besoin d'un lit pour continuer sa course. Alors seulement, la vie sera féconde et valable. Jésus dit : « Ce n'est pas vous qui m'avez choisi, mais c'est moi qui vous ai choisis et vous ai établis pour que vous alliez et portiez du fruit et que votre fruit demeure. » (*Jn* 15,16) Nous savons tous que la seule chose qui demeure et qui compte est l'amour. Même la foi et l'espérance finiront, mais l'amour est éternel. L'amour est le contenu de notre mission : nous laisser aimer, aimer en retour et passer cet amour aux autres.

La mission ne peut se vivre qu'à partir d'une plénitude, pas d'un vide. Un mariage ou une profession religieuse, une famille ou une vie de communauté, un ministère ou un projet — si nous ne les vivons pas à partir d'une plénitude, n'aboutiront à rien. La mission, cependant, est possible lorsque nous trouvons une plénitude comme l'homme qui trouva un trésor dans un champ et, plein de joie, alla vendre tout ce qu'il avait (*Mt* 13,44). Parce qu'il avait trouvé un trésor, il pouvait renoncer avec joie à tout ce qu'il possédait. Voilà ce qu'il en est du Royaume de Dieu, dit Jésus. Voilà ce que signifie vivre de la plénitude de l'Évangile.

Vivant d'une telle plénitude, nous pouvons donner et renoncer. Alors, quelles que soient nos conditions de vie, nous pouvons nous préoccuper entièrement de la suite de Jésus et en éprouver une paix profonde. Mais si nous tentons de suivre Jésus parce que nous nous sentons vides et frustrés, si nous recherchons la communauté parce que nous nous sentons isolés, ou le ministère afin d'y trouver une confirmation, nous ne réussirons pas. Cela peut facilement devenir une vie sans enthousiasme. Ce n'est pas se reposer dans la motion de Dieu. Ce n'est pas une vie qui repose au centre, mais qui erre en marge. La grande question qui domine une telle vie sera : puis-je, oui ou non, combiner cela avec mon mariage, mes vœux et mon engagement ? Cela est-il à l'intérieur ou à l'extérieur des frontières ? L'Évangile ne nous appelle pas à vivre ainsi. L'Évangile proclame une joie véritable. Dans le mariage ou la vie religieuse, comme célibataire ou personne en quête — nous sommes tous et toutes invités à vivre à partir du point central de cette plénitude où Dieu demeure.

> Dieu éternel,
> nous portons ton nom et ton empreinte.
> Tu as imprimé en nous ton fils,
> ta ressemblance
> et nous sommes à toi.
> Nous te demandons
> d'être comme lui,
> de refléter comme un miroir ton existence
> et de réfléchir ta grâce
> dans tous nos contacts humains,
> comme le fit le Christ notre frère
> en servant ce monde
> aujourd'hui et chaque jour,
> pour toujours et toujours.

CHAPITRE 7

« *Je vous ai donné l'exemple* »

Dans l'évangile de Jean, nous lisons : « Au cours d'un repas, [...] sachant que le Père lui avait tout remis entre les mains et qu'il était venu de Dieu et qu'il s'en allait à Dieu, il se lève de table... » (*Jn* 13,2-4) Ce verset exprime admirablement le sens de mission qui inspirait Jésus. Le Père avait tout remis dans les mains de Jésus — il est le *shaliach* qui est venu de Dieu et retourne à Dieu. Comme il nous a envoyés, de même sa mission doit porter des fruits qui demeurent, des fruits d'amour. Voilà ce qu'il va faire maintenant jusqu'à l'achèvement final. « Jésus, qui aimait les siens en ce monde, les aima jusqu'à la fin. » Nous pouvons dire qu'à la Cène et ce qui en a découlé, la mission de Jésus a atteint son achèvement. Nous pouvons nous nourrir de sa plénitude dans l'Eucharistie.

Les trois premiers évangiles — les synoptiques — et saint Paul donnent des descriptions parallèles de cete Dernière Cène. Jean, cependant, en donne un compte rendu tout différent. L'Écriture nous propose ainsi deux visions de cet événement. Avec deux yeux, on voit la profondeur et le perspective, ce qui n'est pas possible avec un seul œil. Nous pouvons demander la grâce que ces deux approches nous révèlent quelque chose de ce mystère.

Commençons avec l'évangile de Luc. «Le jour arriva, pendant la fête des pains sans levain, où l'on devait sacrifier les agneaux pour le repas de la Pâque. Jésus envoya alors Pierre et Jean en avant avec l'ordre suivant : «Allez nous préparer le repas de la Pâque.» Ils lui demandèrent : «Où veux-tu que nous le préparions ?» Il leur dit : «Écoutez : au moment où vous arriverez en ville, vous rencontrerez un homme qui porte une cruche d'eau. Suivez-le dans la maison où il entrera et dites au propriétaire de la maison : "Le Maître te demande : Où est la pièce où je prendrai le repas de la Pâque avec mes disciples ?" Et il vous montrera, en haut de la maison, une grande chambre avec tout ce qui est nécessaire. C'est là que vous préparerez le repas.» Ils s'en allèrent, trouvèrent tout comme Jésus le leur avait dit et préparèrent le repas de la Pâque.» (22,7-13)

Un étrange commencement. L'intention de Luc n'est pas de nous présenter Jésus comme un devin ; plutôt, il veut mettre en évidence l'attitude souveraine de Jésus au cours de sa Passion. La passion et la mort ne sont pas un destin qui accable Jésus. Le mystère de l'anéantissement de soi ne lui est pas imposé. Jésus est prêt ; ou plutôt il se prépare. Dans le passage que nous venons de citer, le mot préparation apparaît quatre fois. Jésus entre dans la dernière soirée de sa vie de façon consciente et délibérée. «Il leur dit : "J'ai désiré d'un grand désir manger cette Pâques avec vous avant de souffrir."» Jésus entre volontairement dans sa passion. Un peu plus tard, il dira : «Ceci est mon corps qui sera donné pour vous.» Si Jésus n'avait pas voulu se donner lui-même, sa passion n'aurait pas été féconde. On peut faire appel ici à la pensée profonde de Carl Gustav Jung : «Nous ne pouvons changer que ce que nous acceptons.» Jésus acceptait sa passion et, ce faisant, la transformait. S'il ne l'avait pas acceptée, s'il ne s'était pas donné lui-même, alors il serait mort déçu et amer. Il était essentiel pour la célébration de l'Eucharistie que Jésus soit prêt à se donner lui-même.

Se dépouiller de soi est la forme de l'amour divin. Le mystère de la Trinité en est un de dépouillement de soi. L'amour égoïste est entièrement tourné vers lui-même, il est possessif et accaparant, au plan des choses matérielles mais plus encore dans le domaine des sentiments, de l'affirmation de soi et du pouvoir. L'égoïsme et le désir de dominer s'opposent à l'amour, dans quelque situation de vie que ce soit : qu'on soit engagé dans la vie familiale, conjugale, dans la vie religieuse ou le célibat. L'amour authentique est don de soi à la manière de Jésus qui s'est dépouillé de lui-même en subissant un procès injuste, une passion cruelle et une mort ignominieuse.

Descendre est le thème clé dans la vie de Jésus. « Lui étant dans la forme de Dieu n'a pas usé de son droit d'être traité comme un dieu mais il s'est dépouillé... » (*Ph* 2,6-7) Il descendit avec Marie et Joseph à Nazareth et leur obéit. Il descendit au Jourdain et prit sur lui les péchés du monde. Il descendit et devint obéissant jusqu'à la mort et même la mort sur la croix.

« Ceci est mon corps... ceci est mon sang... » L'Eucharistie est le signe et la forme de l'anéantissement extrême : un morceau de pain et une gorgée de vin — on ne peut pas aller plus loin. L'Eucharistie est tout à fait dans la ligne de la vie de Jésus. Ce n'est pas du tout un problème, mais c'est un grand mystère. Les problèmes, il nous faut les résoudre le mieux possible. Les mystères, nous ne pouvons ni ne devons tenter de les résoudre, car alors quelque chose de très précieux sera perdu. Nous demeurons dans les mystères. Ils nous sont un chez-soi. Ils nous donnent la sécurité et quelque chose à quoi nous rattacher. Elle est bien démunie la personne qui n'a aucun mystère, elle est vraiment sans abri. L'Eucharistie est un profond mystère. Nous pouvons y vivre. À partir de ce mystère, nous pouvons déployer la mission de Jésus. L'Eucharistie est typique de Jésus. C'est un portrait grandeur nature. Que ce soit notre guide et notre inspiration.

Dans les récits des synoptiques à propos de la Cène, Luc décrit un événement choquant que les autres ne mentionnent pas : « Alors une discussion éclata entre les disciples à savoir qui devait être considéré comme le plus grand. » (22,24) Une dispute a éclaté! C'est si totalement opposé à l'Eucharistie. Comme Jésus a dû souffrir à ce dernier repas qu'il avait désiré si ardemment, quand il a découvert que ses disciples n'avaient rien compris de son esprit et de sa mentalité. Son repas d'adieu était gâté. Le sens de sa vie avait échappé à ses amis les plus proches. Les disciples lui montraient clairement que leur idéal différait tout à fait du sien. Ils étaient si loin de ce qu'était Jésus. « Alors une discussion éclata entre eux à savoir qui devait être considéré comme le premier. »

Imaginez un banquet qu'on attendait avec beaucoup d'espoir. Mais il arrive qu'aucun des invités n'en comprend la signification. Un tel banquet devient très solitaire et décevant. Avez-vous déjà fait une telle expérience? Avez-vous vous-même causé une telle déception? Le chapitre 22 de Luc, verset 24, contient une idée importante. Soyons honnêtes. Combien de nos discussions portent fondamentalement sur la question de savoir qui est le plus grand? « J'ai plus d'expérience. Je suis mieux informé. J'ai de meilleures études. J'ai plus d'intuition. Je sais mieux de quoi il s'agit. » Et bien d'autres variations sur le même thème. Évidemment, tout cela est dit avec tact et sophistication afin de déguiser nos intentions réelles. Mais en fin de compte, ce que nous essayons de prouver, c'est que nous sommes supérieurs à l'autre. Une telle position ne peut jamais s'accorder avec l'Eucharistie. Cela s'oppose complètement à elle. Dans une position de domination, nous ne pouvons pas célébrer l'Eucharistie. Elle perdrait sa vitalité. En fait, il n'est pas si facile de célébrer l'Eucharistie dans l'esprit de Jésus.

Nous avons appris en catéchèse et en théologie que l'Eucharistie est un sacrement, même le plus grand des sept, et que les sacrements agissent *ex opere operato*, c'est-à-dire indépendamment de la sainteté (ou de l'absence de sainteté) du ministre du sacrement. Mais la réception du sacrement dépend de nous. Les effets du sacrement sont affectés par la façon dont on les reçoit. Avec bien de la peine et de la confusion, chacun, chacune de nous individuellement mais aussi tous ensemble comme communauté devons apprendre que les rites, les symboles et même les sacrements peuvent être sans effet et peuvent devenir vides ; ils conservent leur vitalité uniquement si nos dispositions intimes sont en harmonie avec eux. Sinon ils meurent, et pire encore, ils peuvent devenir mortels (c'est-à-dire causer la mort). Il y a un lien ici avec le manque d'intégrité fondamentale dont il a été question au chapitre précédent. Chacun de nous peut célébrer l'Eucharistie de façon féconde seulement quand nous essayons de vivre l'Eucharistie en toute sincérité. Si cet essai est sans conviction, la liturgie dégénère éventuellement en une routine vide : on se contente de faire les gestes.

Jésus nous a laissé quelque chose d'infiniment précieux — c'est-à-dire lui-même complètement abandonné. Cela demande de nous un respect et un amour immenses. Évidemment nous avons tous des distractions pendant la liturgie ; c'est presque inévitable. Mais sous les distractions, nous devons nous préoccuper de quelque chose de plus sérieux : est-ce que ma façon de vivre est en harmonie avec l'Eucharistie ? Est-ce que je célèbre l'Eucharistie alors (avant, après et peut-être pendant) que je suis en pleine discussion — dans mon cœur seulement, ou encore dans ma conduite extérieure — pour savoir qui parmi nous est le plus grand ? L'Eucharistie est alors travestie. L'une ou l'autre doit s'éteindre : la discussion ou l'Eucharistie.

Le Dernière Cène est annoncée comme un événement central, décisif, par trois coups de gong de plus en plus forts. D'abord Luc dit : « La fête des pains sans levain, appelée la Pâque, approchait. » (22,1) Puis : « Le jour arriva, pendant la fête des pains sans levain… » (22,7) Et finalement : « Quand l'heure arriva, Jésus prit place à table avec les apôtres. » (22,14) La fête, le jour, l'heure — maintenant l'heure la plus importante dans la vie de Jésus arrive, l'heure dont il a si souvent parlé.

Le plat principal de ce repas est un agneau d'un an dont aucun os n'a été brisé. L'Ancien Testament donne des instructions précises au sujet du repas pascal qui éclairent pour nous le cours des événements de la Cène. Il précise : l'agneau ne sera pas mangé cru ni bouilli, mais rôti entier, avec sa tête et ses pattes et ses organes internes… vous ne briserez aucun de ses os (*Ex* 12,9 et 46). Cet agneau tout entier était sur la table et ne pouvait pas être ignoré. Pierre et Jean avaient été envoyés à l'avance pour rôtir l'agneau. Quand les disciples virent l'agneau sur la table, ils se rappelèrent le passé, l'exode de l'Égypte et toutes les merveilles qui l'accompagnèrent. Quand Jésus vit l'agneau, il regarda vers l'avenir, c'est-à-dire le proche avenir qui allait commencer ce soir-là. Quand Jésus vit l'agneau, il sut avec une conviction profonde qu'à partir de maintenant il serait lui-même l'agneau, comme le dit le quatrième chant du Serviteur du Seigneur : « comme un agneau conduit à l'abattoir » (*Is* 53,7), ou comme l'avait prophétisé Jérémie : « J'étais comme un agneau docile conduit à l'immolation. » (11,19) Maintenant, l'heure annoncée par Jean le Baptiste est arrivée : « voici l'Agneau de Dieu qui enlève les péchés du monde. » (*Jn* 1,29) Tout la conduite de Jésus a été placée sous le signe de l'agneau à être immolé.

Saint Paul écrit : « Chaque fois que vous mangez ce pain et buvez cette coupe, vous annoncez la mort du Seigneur jusqu'à ce qu'il vienne. » (*1 Co* 11,26) Ces mots s'appliquent à chaque célébration eucharistique. Ils s'appliquent aussi à la célébration unique *avant* le Vendredi saint. Alors la mort de Notre Seigneur fut annoncée à l'avance. Quand Jésus rompit le pain, il dit explicitement : « Ceci est mon corps. » Alors, il rompt son propre corps. Voilà quand la passion commence, et aussi le corps mystique qui est l'Église. Jésus était tout à fait conscient de ce qu'il faisait. Peut-être ses mains ont-elles tremblé un peu quand il rompit le pain. Alors essayons nous aussi d'être pleinement conscients quand nous célébrons l'Eucharistie.

Notre liturgie ne doit pas seulement rappeler le passé, mais aussi se tourner vers l'avenir. L'Eucharistie nous rappelle ce Jésus qui est mort en accomplissant fidèlement sa mission, et confirme que ce même Jésus est ressuscité et qu'il reviendra. Nous le proclamons solennellement au cœur de l'Eucharistie : « Quand nous mangeons ce pain et buvons cette coupe, nous proclamons ta mort, Seigneur Jésus, jusqu'à ce que tu viennes dans la gloire. » Le repas eucharistique tourne vers le repas céleste. Comme la vie de Jésus s'accomplit dans l'Eucharistie, ainsi l'Eucharistie s'accomplit dans le banquet éternel.

Jésus fut envoyé pour établir la nouvelle alliance. L'Eucharistie est le testament vivant de ceci : la présence sans fin de Jésus parmi nous. « Cette coupe est la Nouvelle Alliance dans mon sang qui sera versé pour vous. » Le centre de l'Ancien Testament était toujours : « Je suis votre Dieu et vous êtes mon peuple. » Cette alliance a été renouvelée bien des fois dans une intimité toujours plus grande, comparée éventuellement à l'intimité du mariage. Dieu et son peuple sont unis l'un à l'autre comme l'époux et l'épouse. La Nouvelle Alliance s'accomplit dans une intimité plus grande encore: «Quiconque mange ma chair et boit mon sang demeure en moi et moi en lui.» (*Jn* 6,56)

Contemplons maintenant comment le quatrième évangile nous présente le Dernière Cène. Dès le premier verset, Jean offre la clé qui nous donne accès au mystère de l'Eucharistie: «Jésus aimait les siens qui étaient dans le monde et il les aima jusqu'à la fin.» (13,1) Il s'agit de l'amour de Jésus jusqu'à l'extrême. Jésus a toujours été un homme pour les autres; maintenant il se rend dans sa mission jusqu'au bout et se donne lui-même complètement pour nous tous. Jean ne mentionne pas les mots de la consécration; à la place, il décrit le lavement des pieds. Apparemment, pour Jean le lavement des pieds est aussi caractéristique et essentiel pour l'Eucharistie que le sont les mots de la consécration pour les synoptiques. Ce sont les deux perspectives qui, ensemble, nous montrent quelque chose de la profondeur de ce mystère d'amour.

Alors, Jean écrit: «Sachant que le Père a mis toutes choses en son pouvoir et qu'il était venu du Père et retournait au Père, il se leva de table et enleva ses vêtements.» (13,3-4) Jésus se fait tout petit au début du lavement des pieds. Il le fait dans la plénitude de sa conscience de soi. Il savait très bien que Dieu avait tout mis entre ses mains, et qu'il était venu de Dieu et retournait à Dieu. C'est précisément cette conscience de soi qui lui a permis de s'humilier lui-même si profondément. Il sera important de se le rappeler quand, plus tard, nous entendrons l'appel de Jésus à suivre son exemple. Nous ne pouvons devenir petits que si nous avons un fort sentiment de notre valeur. Quand cela manque, nous restons impuissants à prendre la dernière place et, si nous sommes forcés de le faire, un chaos intérieur en résulte. L'humilité véritable suppose une honnête acceptation de soi. Dans la mesure où notre acceptation de nous-mêmes est faible, notre liberté pour nous faire petits est limitée.

Peut-être que le meilleur moyen d'aborder ce sujet est de constater que Jésus n'évite pas la confrontation. Jésus a fait face à bien des conflits. En cela il était libre et courageux. Je crois aussi qu'après un conflit, il dormait bien. Il pouvait vraiment s'occuper des conflits. Tout le monde n'a pas ce don. Quand un conflit surgit, certaines personnes deviennent rancunières et injustes. Jésus ne l'a jamais été. Il était souverain — clair et droit — dans la résolution des conflits. Il était également assez souverain pour laver les pieds de ses disciples et pour s'incliner jusque-là. Nous remarquons donc ces deux qualités différentes chez Jésus, toutes les deux prenant leur source dans la plénitude de sa conscience de lui-même. Jésus sait comment atteindre son but en dépit de la résistance des autres, et Jésus sait aussi se faire petit et céder aux autres. Le danger d'affirmer cela en général, c'est que les ambitieux retiennent seulement qu'ils ne doivent pas céder dans une situation de conflit, mais répliquer ; et que les faibles apprennent qu'ils doivent s'incliner, s'agenouiller pour laver les pieds d'un autre. Ainsi, chacun passe précisément à côté de l'appel qui lui est adressé. Ici, il nous faut le discernement des esprits. Les paroles seules ne suffisent pas, pas même les paroles des Saintes Écritures. Il nous faut le Saint-Esprit qui nous éclaire et nous guide et qui nous apprend à comprendre la Parole de Dieu de façon à nous rapprocher de Dieu. Le Malin, rusé et expérimenté, se sert même des Écritures à ses fins ; notre ombre interprétera mal le message. Rien ne peut remplacer l'Esprit saint. C'est précisément dans cet Esprit que Jésus s'anéantit et lava les pieds de ses disciples.

Les Apôtres, Pierre le premier, sont surpris et troublés. Ils ne savent pas comment réagir. Ce que Jésus va faire ne correspond pas du tout à leur vision des choses. Pierre, en désarroi, demande : « Maître, allez-vous me laver les pieds ? » Jésus insiste : « Ce que je fais vous ne pouvez le comprendre maintenant, mais vous comprendrez plus tard. » Pierre durcit sa résistance : « Vous ne me laverez jamais les pieds. » Mais Jésus aussi tient son bout : « À moins que je ne te lave, tu n'auras pas part à mon héritage. » Ce n'est pas facile d'accepter l'amour de Jésus, ni dans ses formes les plus élevées, ni dans son anéantissement. Ce n'est pas facile de se laisser aimer totalement par Jésus. Quelque chose en nous se rebelle contre cet amour. Mais Jésus dit : « Si tu ne te laisses pas aimer jusqu'à l'extrême, tu n'es pas des miens. »

Contemplons dans un profond respect comment Jésus lave les pieds de ses disciples. D'abord les pieds de Pierre qui a consenti parce qu'il voulait appartenir à Jésus. C'était de loin sa première priorité. Puis Jésus se tourne vers les fils du tonnerre, Jean et Jacques, qui avaient encouragé Jésus à brûler un village dont les habitants ne les avaient pas bien reçus. Les deux mêmes ambitieux qui, derrière le dos des autres, avaient demandé les premières places dans le Royaume à venir. À ce moment-là, Jésus avait répondu : « Vous ne savez pas ce que vous demandez. » Maintenant ils ont un soupçon de ce que signifie le Royaume de Dieu — lavage de pieds et anéantissement !

Nous voyons comment Jésus approche Matthieu pour lui rendre un service d'esclave. Matthieu avait été riche et avait possédé des esclaves qui lui avaient souvent lavé les pieds. Mais maintenant c'est le Maître qui le fait et c'est une expérience très troublante.

Jésus vient aussi à Judas. Oui, Jésus a lavé les pieds de Judas ! C'est inconcevable. Que s'est-il passé dans le cœur de

Judas? Et dans le cœur de Jésus? L'amour de Jésus est complètement inclusif. Il n'exclut personne, pas même la personne qui médite de le trahir cette même nuit en le livrant à ses ennemis.

Jésus est l'image du Père. «Qui me voit, voit le Père.» De Jésus nous pouvons apprendre comment est Dieu. Dieu est comme l'hôte qui reçoit, Dieu qui a de la place pour tous et toutes, pas seulement pour les membres d'un monde idéal où il n'y aurait pas de péché, mais aussi pour chaque personne de notre monde cassé qui est parfois si rempli de trahison et d'envie. Telle est l'hospitalité de Dieu, tel est l'amour de Dieu jusqu'au bout. Dans ce monde cassé, Jésus a vécu et aimé. Un tel amour ne pouvait finir que sur la croix.

Et voici mon tour. Jésus me demande s'il peut me laver les pieds. Je suis conscient que si j'accepte, je devrai partager sa joie et sa passion, sa victoire et sa mort. Suis-je prêt? Suis-je prêt à porter son vêtement? Suis-je prêt à vivre selon son esprit? Suis-je prêt à aimer comme il aime? Cela aussi appartient à l'authenticité de l'Eucharistie.

Dans les synoptiques, Jésus dit: «Faites cela en mémoire de moi.» Dans l'évangile de Jean, il dit: «Vous devez faire comme j'ai fait pour vous.» C'est la seule façon de célébrer authentiquement l'Eucharistie: tenter de le suivre, de faire comme il a fait. Alors, nous aussi, nous devons laver les pieds des autres, même de «notre Judas». «Vous devez faire comme j'ai fait pour vous.»

Matthieu présente les huit béatitudes au début de son évangile (5,1-11). Jean, lui, n'en a que deux. Nous trouvons ici la première: «Si vous comprenez ceci, bienheureux êtes-vous si vous le faites.» (13,17) C'est la béatitude de l'amour dans un contexte très exigeant, tout de suite après le lavement des pieds. À la fin de son évangile, nous trouvons la béatitude de la foi: «Bienheureux ceux qui ont cru sans avoir vu.» (20,29)

Ces deux béatitudes, celle de l'amour et celle de la foi, nous les apprenons dans l'Eucharistie. C'est le mystère de la foi et aussi le mystère de l'amour, l'amour jusqu'à l'extrême. Nous avons à croître dans les deux, de plus en plus. Cela aussi se produit dans l'Eucharistie.

> Seigneur mon Dieu,
> tu n'es pas loin au-dessus de nous,
> et au-delà de notre portée.
> La place que tu recherches dans ce monde
> n'est ni éminente ni exaltée.
> Tu as choisi d'être semence.
> Tu es aussi ordinaire
> et aussi peu remarquable que le pain
> et, comme le pain, aussi nécessaire à la vie.
> Nous te demandons
> de nous faire trouver la force de prendre ce sentier,
> de nous laisser être les uns pour les autres
> aussi fertiles que la semence
> aussi nourrissants que le pain
> aujourd'hui et tous les jours à jamais.

CHAPITRE 8

L'attention, fondement de l'amour

Jésus nous dit : « Ce n'est pas vous qui m'avez choisi mais moi qui vous ai choisis pour aller et porter du fruit, et du fruit qui demeure. » (*Jn* 15,16) Ce fruit doit être un fruit d'amour, car l'amour seul demeure, l'amour seul compte à la fin quand notre vie sera jugée selon l'amour. Le commandement de l'amour nous fut donné par Jésus à la Dernière Cène comme sa dernière volonté et son dernier désir : « Je vous donne un commandement nouveau : aimez-vous les uns les autres. Comme je vous ai aimés, ainsi vous devez vous aimer les uns les autres. C'est ainsi que tous sauront que vous êtes mes disciples, si vous vous aimez les uns les autres. » (*Jn* 13,34-35) C'est le commandement de Jésus qui englobe tout le message de sa vie. Dans la même veine, saint Paul écrit : « Car toute la Loi est comprise dans ce seul commandement : "Tu aimeras ton prochain comme toi-même." » (*Ga* 5,14) Après que Paul eut décrit longuement les divers dons et fonctions dans l'Église, il ajoute : « Mais je vous montrerai une voie plus parfaite. » (*1 Co* 12,31) Alors commence le grand éloge de l'amour. Thérèse de Lisieux, notre plus récent et plus jeune docteur de l'Église, comprit qu'elle était appelée à « être l'amour dans le cœur de l'Église». Ignace de Loyola conclut ses *Exercices spirituels* de trente jours par une contemplation pour obtenir l'amour; il commence par une remarque initiale: «L'amour doit se manifester davantage par les actes que par les paroles.» Il supposait aussi sans doute «que par les sentiments».

Cependant, avant les actes vient quelque chose d'autre, à savoir l'attention, la pure perception. Voilà la sagesse des contemplatifs. La première question n'est pas: «Que puis-je faire?» mais «Comment dois-je le considérer?» Tout dépend de notre façon de percevoir. Simone Weil, qui avait pénétré profondément cette vérité, voit dans l'attention le cœur de la prière, le cœur de l'amour de Dieu, et aussi le cœur de l'amour du prochain. Il nous faut considérer attentivement où nous nous vidons de nous-mêmes pour recevoir l'Autre — que ce soit Dieu ou l'autre. Le poète Stephen Mitchell décrit la prière comme «une qualité d'attention qui fait tant de place au donné qu'il apparaît comme un don». Permettre amoureusement la différence, comme elle est dans sa totalité, dans toute sa vérité, est extraordinairement difficile parce que cela présuppose un oubli de soi magnanime. Notre perception spontanée est toujours en relation à nous, et donc toujours quelque peu déformée.

Voir l'autre dans sa vérité est le point de départ de l'amour; on ne peut pas s'en passer. Sans cette contemplation vraie, tout amour subséquent repose sur un fondement faible. Il nous faut une très grande discipline pour laisser aller nos stéréotypes, nos avantages propres et nos attentes afin de voir l'autre comme il est vraiment. Normalement, nous percevons très sélectivement; nos filtres obscurcissent notre perception. Nous ne voyons pas l'autre dans sa réalité, mais déformé par notre perception. Une attention pure signifie de ne pas favoriser un aspect, de ne rien rejeter, de ne rien juger. Cela veut dire aussi abandonner tout désir d'affirmation propre, toute curiosité et toute critique. Les contemplatifs ont toujours su cela. La psychologie moderne l'a redécouvert.

Je trouve impressionnante l'attention avec laquelle un bon thérapeute considère son client, une attention sans préjugé, ouverte, respectueuse et sans aucun jugement. C'est peut-être le plus grand don que possède un thérapeute. Nous avons peut-être besoin de raviver ce don dans notre Église aujourd'hui. Dans nos milieux, nous somme pressés d'évaluer les autres, même si nous n'en disons rien, et peut-être même sans nous en apercevoir.

Tenter d'aider les autres, sans avoir d'abord été totalement attentifs à eux, peut leur être dommageable. Être avec les pauvres et les marginalisés veut dire en tout premier lieu les prendre au sérieux comme êtres humains, les laisser être notre prochain. Ce qui signifie littéralement nous approcher d'eux, et ne pas rester éloignés par pitié ou embarras. Cela veut dire que nous considérons avec les yeux du cœur chaque être humain individuellement comme unique par sa personne et par son histoire. Que nous les laissons nous dire comment ils se sentent. Que nous écoutons attentivement. Que nous les prenons au sérieux. Malheureusement, nous essayons parfois de leur imposer nos «bonnes» œuvres. Nous pouvons penser que nous savons ce qui est bon pour l'autre, sans le lui demander vraiment. Ce n'est pas de la charité authentique. Notre propre ego joue alors un rôle trop important. Saint François d'Assise était poussé par une charité véritable quand il revint littéralement sur ses pas après être passé près d'un lépreux, avec horreur et crainte d'être infecté. Mais tout à coup il s'aperçut de ce qu'il avait fait, et son cœur fut touché d'un profond remords, il se tourna, revint vers le lépreux et...

l'embrassa. Ainsi commença la vie nouvelle de saint François lorsqu'il rencontra, dans le pauvre et le paria, un frère. Il est si facile de mesurer l'autre selon nos propres normes. Sans en prendre conscience, nous imposons nos propres standards à tous les autres. Nous évaluons l'autre selon notre propre ego, ce qui est une manière très égocentrique d'agir. Quand nous pouvons reconnaître et abandonner cette tendance, alors nous pourrons rencontrer l'autre dans sa propre dignité et vérité, et ce faisant transcender notre propre ego. Cela est également nécessaire dans notre relation à Dieu qui est toujours « plus grand » au sens le plus dynamique de ce mot. De cette façon, nous pouvons mieux comprendre pourquoi Jésus, dans sa prédication, plaçait toujours le second commandement au même rang que le premier. Les deux commandements veulent que nous dépassions de plus en plus notre propre ego et qu'ainsi nous atteignions notre être véritable dans la voie de l'amour de Dieu et de l'amour du prochain. Ces deux voies exigent une attention désintéressée.

Pour Thérèse d'Avila, les relations dans une communauté sont souvent un meilleur indice de la relation à Dieu que les sommets de la prière mystique. Elle savait de quoi elle parlait. Elle avait elle-même expérimenté une profonde prière mystique. Et pourtant, elle affirmait que les interactions avec les autres étaient un indicateur plus fiable de la qualité de sa relation à Dieu.

Nous trouvons la même sagesse dans la première Lettre de saint Jean : « Si quelqu'un qui en a les moyens voit son frère ou sa sœur dans le besoin et leur refuse un peu de compassion, comment l'amour de Dieu demeurerait-il en lui ?... Quiconque n'aime pas ne connaît pas Dieu, car Dieu est amour... Personne n'a jamais vu Dieu. Cependant, si nous nous aimons les uns les autres, Dieu demeure en nous et l'amour de Dieu atteint en nous sa perfection.» (*1 Jn* 3,17 ; 4,8 ; 4,12) Notre premier et plus fondamental acte d'amour consiste à voir l'autre comme autre, sans renoncer à notre propre identité, mais aussi sans en faire un absolu.

Anthony De Mello raconte l'histoire d'un journaliste qui voulait écrire un livre à propos d'un guru. Il alla donc lui rendre visite et commença par cette question : «Les gens disent que vous êtes un génie. L'êtes-vous?» «On peut le dire», répondit le guru pas très modestement. Mais le journaliste, qui n'était pas gêné non plus, lança tout de suite la question suivante : «Et qu'est-ce qui fait qu'on soit un génie?» Le guru répondit : «La capacité de voir.» Devant cette réponse, le journaliste perdit se moyens et il murmura sans plus : «De voir quoi?» Le guru répondit calmement : «Le papillon dans la chenille, l'aigle dans l'œuf, le saint dans l'égoïste.» Quiconque voit cela est un génie, un génie de l'amour. Il saisit ce qui est caché dans l'autre et peut, par son regard aimant, le faire émerger. «Révéler à une personne sa propre beauté», voilà comment Jean Vanier définit l'amour. Jésus avait un don spécial à cet égard. Il créait l'atmosphère où les gens pouvaient se développer, où ils pouvaient découvrir le bien qu'ils portaient en eux.

Dans sa dernière lettre de Pâques avant sa mort, Mgr Klaus Hemmerle, d'Aix-la-Chapelle, écrivait : «Je vous souhaite à chacun et chacune des yeux de Pâques, capables de percevoir dans la mort, la vie ; dans la culpabilité, le pardon ; dans la séparation, l'unité ; dans les blessures, la gloire ; dans l'humain, Dieu ; en Dieu, l'humain ; et dans le Je, le Toi. »

Ce qui nous est le plus familier risque de passer inaperçu. Un couple marié depuis cinquante ans était assis côte à côte dans un train. Un jeune couple entra et s'assit en face d'eux. De temps à autre, le jeune homme embrassait son amie. La vieille dame les regardait avec plaisir. Tout à coup, la vieille dame murmura à son mari : « Tu pourrais faire cela, toi aussi, ce serait bien. » Mais il répondit, tout indigné : « Qu'est-ce qui te prend ? Je ne la connais pas du tout. »

Dans un beau livre racontant la dernière année de vie de son mari, alors qu'il mourait d'un cancer, Anne Philippe écrit : « Nous nous connaissons si bien que chacun peut finir la phrase commencée par l'autre, et pourtant le moindre de ses gestes contient plus de mystère que le sourire de Mona Lisa. » Voilà l'amour ! Après avoir vécu ensemble bien des années, nous reconnaissons le pas de l'autre, et nous comprenons ce qu'il veut dire à demi-mot. Mais j'espère que le reste est aussi vrai : que nous continuons de percevoir le mystère de l'autre, ce que nous ne savons pas et ne saisissons pas. Si nous perdons le sentiment et le respect de ce mystère, alors l'amour est mort.

Dans les dix commandements, on nous avertit de ne pas façonner d'image de Dieu ; Dieu est trop grand pour être saisi dans une image. Peut-être la même chose est-elle vraie à propos du prochain. Nous ne devrions pas nous faire d'image de notre prochain, parce que Dieu est le plus profond mystère de chaque personne. Il est mal de penser que nous pouvons capter l'autre dans une image. Si nous le faisons, nous outrepassons la réalité de l'autre personne ; nous faisons affaire seulement avec son image et non plus avec sa vraie personne. Conclure que nous « connaissons » l'autre signale la fin de l'amour. C'est ce qui est si frappant chez Anne Philippe : elle connaît très bien son mari et pourtant il reste pour elle un grand mystère. Quand le respect pour ce mystère reflue, l'amour commence à mourir.

La cause et l'effet, cependant, peuvent être liés autrement que nous sommes portés à le croire. Ce n'est pas parce que nous nous connaissons si bien que notre amour s'épuise. Ce qui voudrait dire maintenant que quand j'en viens à connaître l'autre, mes yeux s'ouvrent, et alors mon amour se refroidit. Penser ainsi, c'est nourrir une illusion. La véritable séquence de cause à effet est inverse. Parce que notre amour s'est épuisé, a perdu de sa vigueur et de sa chaleur, alors l'autre est fini pour moi. Nous laissons tomber. Notre amour a touché sa limite. Nous créons donc une image de l'autre. Nous perdons le désir ou la force d'être en relation avec le prochain vivant, jour après jour, année après année. Il est plus facile de nous faire une image de l'autre. Ainsi, nous avertissons l'autre que nous ne voulons plus faire affaire avec une croissance ultérieure. Nous enfermons l'autre et lui refusons la prérogative à laquelle tout être vivant a droit, à savoir: changer et nous surprendre. Et alors, nous sommes surpris et déçus que la relation ne soit plus viable.

Quand nous nous façonnons des représentations d'autres personnes (et nous le faisons constamment!), nous avons cessé d'être en relation avec elles telles qu'elles sont, de les considérer comme uniques. Nous avons bloqué la manière de voir les autres comme Dieu espère que nous les considérions. Nous nous sommes contentés de moins. Et les conséquences se font sentir dans nos communautés, nos familles, nos amitiés, nos milieux de travail.

«Aimer quelqu'un, c'est toujours espérer de lui», dit Charles de Foucauld. «Dès que nous commençons à juger quelqu'un, à restreindre notre confiance en lui, dès que nous identifions une personne à ce que nous savons d'elle et que nous la réduisons à cela, nous cessons d'aimer cette personne; elle cesse de pouvoir devenir meilleure. Nous devrions tout attendre de chaque personne. Nous devons oser être amoureux dans un monde qui ne sait plus ce qu'est aimer.» En fait, être en relation de cette façon est très rare. L'Évangile nous provoque à une qualité de nos relations bien au-delà de l'ordinaire.

On nous demande parfois d'évaluer une personne. Cela doit se faire de façon compétente et objective. Alors c'est bien. Dans la vie de tous les jours, cependant, notre opinion est souvent tout autre qu'objective et compétente. Alors nos propres sentiments prennent facilement le dessus et finissent par des comparaisons, de l'envie, de l'agacement et de la projection. Par la projection, nous accablons quelqu'un avec nos propres problèmes. C'est une façon bien plus agressive de faire face à nos propres problèmes que ne l'est la répression. De plus, dans ce cas, l'interaction avec l'autre personne est loin d'être compétente et objective. Mentionnons un exemple simple : quand je suis moi-même impatient, alors je trouve facilement des signes d'impatience chez l'autre, et je suis très perturbé. Il est intolérable que cette personne ait si peu de patience ! Parce que je ne peux pas dominer ma propre impatience, je la dénonce chez l'autre personne. Nous voyons avec une clarté excessive dans l'autre ce que nous ne pouvons tolérer en nous-mêmes, et nous le faisons inconsciemment. Jésus dénonce énergiquement une telle projection dans le Sermon sur la montagne : «Pourquoi remarques-tu la paille dans l'œil de ton frère, mais ne perçois pas la poutre dans ton œil?» (*Mt* 7,3) Nous remarquons peut-être quelquefois que nos réactions sont démesurées — c'est très souvent un signe évident de projection. Quand une personne nous déplaît ou que nous encensons une autre de façon excessive, alors nous ne voyons pas l'autre personne mais des aspects de nous-mêmes dans l'autre.

Quand, dans le Nouveau Testament, Jésus lui-même nous défend à plusieurs reprises de juger ou de condamner, il ne fait pas référence à une situation où une évaluation compétente et objective est requise, mais plutôt à ces cas où nous jugeons un autre sans sagesse ni justice. «Cessez de juger pour n'être pas jugés, car comme vous jugez les autres, ainsi l'on vous jugera, et la mesure avec laquelle vous jugez servira à vous juger.» (*Mt* 7,1-2) L'évangile de Luc ajoute: «Ne condamnez pas et vous ne serez pas condamnés.» (6,37) Dans son épître aux Romains, saint Paul écrit: «Pourquoi donc jugez-vous votre frère ou votre sœur? Et vous, pourquoi méprisez-vous votre frère ou votre sœur? Car nous serons tous jugés devant Dieu.» (14,10) Et pourtant, dans les milieux ecclésiastiques, cela se produit assez souvent. Cela ressemble à une aberration: une tendance obsessive à juger. Nous avons sans doute un réseau étendu de normes et de règles détaillées; si nous nous en servons pour juger les autres, alors nous agissons à l'encontre de l'Évangile. De plus, nous pouvons faire d'énormes erreurs à ce sujet. Si nous ne sommes pas assez désintéressés et assez libres, si nous ne considérons pas l'Autre comme autre avec amour, si inconsciemment nous faisons de la projection, alors nous commettons une grave injustice envers l'autre personne.

Percy, une jeune femme, est le personnage principal dans le film *Spitfire Grill*. Elle a passé cinq ans en prison. Le film commence au moment où elle sort de prison, apportant avec elle quelques objets et laissant les autres. Elle prend alors l'autobus Greyhound pour une ville éloignée où elle est tout à fait inconnue, afin de commencer une vie nouvelle. Elle trouve du travail dans un petit café où elle trime de l'aube jusque tard le soir, avec bien peu de loisir et presque pas d'intimité.

Dans le même café, une autre femme, Shelby, travaille à demi-temps. Les deux femmes s'entendent bien et, parfois, ont l'occasion de partager plus profondément. Pour Percy, ce contact rare mais authentique est un cadeau précieux. Le mari de Shelby est opposé à ces relations: «Nous ne la connaissons pas, nous ne savons même pas d'où elle vient!» Dans une séquence dramatique et un peu ambiguë, Percy meurt. On ne sait pas s'il s'agit d'un suicide ou d'une tentative de sauver la vie de quelqu'un d'autre qui a mal tourné. Pendant les funérailles dans la petite église locale, le mari de Shelby se lève et avoue : « Je dois parler. Je me sens coupable de la mort de Percy. Je l'ai jugée alors que je ne la connaissais pas. » En effet, il ne la connaissait pas et ne savait rien de son histoire. Il pensait seulement : « Tenons-nous à l'écart. » C'était injuste et, dans ce cas-ci, fatal même.

Il y a une autre histoire qui pourrait nous aider à être prudents dans nos jugements ou dans des conclusions prématurées. En Allemagne, on trouve des restaurants de fast food où l'on mange debout devant de hautes tables. Une dame se rend dans un de ces restaurant pour une collation rapide. Elle achète un bol de soupe qu'elle apporte à une table libre. Elle place la soupe sur la table et accroche son sac à main sous la table ; elle constate alors qu'elle a oublié une cuillère, retourne au comptoir, prend une cuillère et une serviette qu'elle a aussi oubliée. De retour à sa table, voilà qu'un inconnu est à manger sa soupe de bon appétit. Il n'a pas l'air d'un Allemand ; son teint foncé suggère une origine méditerranéenne. Et cet homme mange sa soupe ! D'abord, elle est sidérée. Puis, après quelques secondes, une grande colère s'empare d'elle ; elle pourrait le tuer sur-le-champ ! Après dix secondes, elle se ressaisit et décide : il est effronté ? eh bien moi aussi ! Elle s'installe de l'autre côté de la table et commence à manger dans le même bol. On aurait pu penser que l'homme s'excuserait et disparaîtrait. Loin de là. Il continue paisiblement de manger et sourit. Apparemment, il ne parle pas l'allemand ; une communication verbale est donc impossible. Mais il est très gentil et son sourire est son arme. Il n'est pas du tout gêné. La pire provocation arrive quand il lui offre la moitié de sa saucisse à elle. À la fin de ce drôle de repas, il lui tend même la main. Elle est maintenant assez calme pour accepter cette main tendue.

Il part et elle veut prendre son sac sous la table. Il s'est envolé! Elle le savait depuis le début: c'était un voleur, et maintenant il a dérobé son sac. Elle court à la porte, mais il a disparu. Elle se retrouve complètement démunie; ses cartes de crédit, son permis de conduire, tout son argent ont été volés. Au désespoir, elle jette un coup d'œil dans la salle et découvre à une table adjacente un bol de soupe (maintenant froid) et son sac à main qui pend en dessous. Pendant tout ce temps, il ne lui était pas venu à l'esprit que c'était peut-être elle qui se trompait, et pas lui.

En réfléchissant sur nos propres vies nous allons sûrement trouver d'autres exemples montrant comment, convaincus de notre bon droit, nous ne saisissons pas la vraie situation.

Seigneur Jésus,
donne-nous de te servir, toi et les autres,
sans nous mettre de l'avant,
pour que nous puissions aider nos concitoyens
sans les humilier.
Donne-nous de nous dévouer
à tout ce qui est misérable
et sans importance aux yeux du monde,
pour que nous fassions les choses
dont personne d'autre ne se charge.
Enseigne-nous à attendre, à écouter
et à ne pas parler trop vite.
Rends-nous assez humbles et pauvres
pour accepter l'aide des autres.
Mets-nous en route
à la recherche de ton nom,
aujourd'hui et chaque jour,
pour toujours et à jamais.

CHAPITRE 9

Au cœur de l'amour, le respect

En plongeant plus profondément dans ce sujet vital de l'amour, et en adoptant une approche différente, permettez-moi de citer longuement Jean Vanier. Vous savez sans doute qu'il est le fils d'un ancien gouverneur général du Canada, et qu'il fut officier de marine durant la Seconde Guerre mondiale, après quoi il enseigna la philosophie à l'université. Le point tournant de sa vie se produisit lorsqu'il renonça à tout pour vivre avec deux hommes ayant un handicap mental. Ils exigeaient tout son temps et toute son énergie. Évidemment, il ne savait pas alors ni même ne soupçonnait que cette décision marquait le début de ce qui allait devenir un mouvement mondial. Il voulait seulement consacrer sa vie à ces deux personnes qui demandaient beaucoup d'aide dans leurs activités quotidiennes. Parmi ses ouvrages, son livre *Jésus, le don de l'amour* devint très signifiant dans ma propre vie.

Comme dans ses autres ouvrages, dans ce livre-ci l'expérience de Vanier avec les adultes ayant un handicap mental joue un rôle central. Pendant des années, il a vécu jour et nuit avec ces gens et il a réfléchi en profondeur sur ses expériences. Une de ses convictions fondamentales est que nous sommes tous handicapés! Certains le sont dans leur tête, d'autres dans leur cœur, d'autres encore dans leurs yeux ou leurs genoux ou dans leur psyché, mais nous avons tous nos infirmités. Vanier n'accepterait jamais cette affirmation : «À l'Arche — c'est le nom du mouvement qu'il a fondé — des personnes normales et des personnes ayant un handicap vivent ensemble.» Une telle phrase nierait le principe sous-jacent que son expérience de vie lui a enseigné. Cela contredirait le cœur de sa mission. Dans les pages qui suivent, citées directement de Vanier, il explicite le fondement de cette conviction.

> Enfants, nous avons tous été blessés, notre première expérience de la souffrance date du jour où, tout petits, nous avons eu le sentiment de ne pas être désirés par nos parents. Ils étaient fâchés contre nous parce que nous ne répondions pas à leurs attentes ou nous ne faisions pas ce qu'ils auraient voulu. Nos cris les dérangeaient quand ils ne voulaient pas être dérangés ou nous faisions quelque chose qui les contrariait. Nous étions alors si petits, si vulnérables. Nous avions tant besoin d'être aimés et compris. Nous ne pouvions pas comprendre que cette rupture venait de la fatigue, du vide, de la propre souffrance et des blessures de nos parents qui étaient incapables d'écouter notre cri, et que ce n'était pas «notre» faute.

> Nous nous sommes alors réfugiés dans les rêves, les projets et les idées. Lorsque de petits enfants sont blessés, ils se ferment en eux-mêmes, se cachant derrière leur colère, leur révolte, leur chagrin inexprimés ; ils entrent dans la dépression ou fuient dans un monde de rêves. Cette rupture est comme un coup de poignard dans un cœur fragile assoiffé de communion. Elle cause une solitude, une angoisse, une souffrance intérieure, des sentiments de culpabilité et de honte horribles. Les enfants sentent qu'ils ont blessé leurs parents, qu'ils les ont déçus. Aucun enfant n'est capable de comprendre ou de supporter cette souffrance. Ils ne peuvent juger ni condamner leurs parents dont ils ont tant

besoin pour survivre. Alors, ils contiennent leur colère, la cachent et se sentent coupables. Ils s'imaginent qu'ils ne sont pas bons, se croient méchants et se sentent indignes d'être aimés

Pour survivre, les êtres humains apprennent à se couper de toute cette souffrance intérieure et, par là, de la réalité. Particulièrement de la réalité des gens qui provoquent ou réveillent cette souffrance intérieure. Nous sommes tous si blessés dans le domaine de l'amour et de la relation. Nous avons du mal à comprendre les autres et à désirer pour eux la croissance et la paix du cœur. Vite, nous les jugeons ou les condamnons. Nous les écartons, parce que nous en avons peur. Nous nous blessons mutuellement. Nous cherchons à contrôler les autres, à les utiliser ou à fuir pour nous cacher.

Depuis notre petite enfance, nous avons enfoui cette souffrance au plus profond de nous, dans un monde oublié, entouré de solides barrières. C'est dans ce monde oublié de souffrance précoce, de rejet et de confusion que notre soif d'amour et de communion est blessée, et que les relations deviennent dangereuses.

C'est pourquoi nous avons tendance à vivre, non dans la réalité, mais dans le rêve, les idéologies et les illusions, dans les théories, les projets, tout ce qui engendre le succès et la reconnaissance. Les barrières qui protègent notre cœur de la souffrance sont hautes et solides. Nous vivons dans le passé, dans le futur ou dans le rêve[1].

Nous sommes tous et toutes des personnes blessées. Nous sommes donc un poids pour nous-mêmes et pour les autres. Je le répète : nous sommes un poids pour nous-mêmes, un poids pour ceux et celles avec qui nous sommes en interaction. Nous ne nous en sauvons pas. Il nous faut l'accepter. Nous devons

---

1. J. VANIER, *Jésus, le don de l'amour*, Paris/Montréal, Fleurus/Bellarmin, 1994, p. 74-76.

nous laisser guérir par les autres et accepter cette guérison, cette correction et cette connaissance plus profonde de nous-mêmes. Nous devons aussi accueillir les autres comme des personnes blessées, les supporter et contribuer à leur guérison, en évitant à tout prix une attitude condescendante.

Ce ne sont pas les parfaits, mais les imparfaits qui implorent notre amour. Sainte Thérèse d'Avila a dit un jour qu'elle avait appris davantage de ses ennemis. Elle disait cela même si elle avait beaucoup de chaleureuses, intimes et glorieuses amitiés. Son idée, en fait, était qu'elle avait appris à aimer parce que c'est la seule chose qui compte et qui dure. Par mes ennemis, j'ai surtout appris comment aimer. Parfois nous devons vivre et travailler intimement avec une personne qui est dure pour nous ou qui nous tape sur les nerfs. Comment Dieu considère-t-il cela? Dieu dit que cela peut et doit devenir une grâce. «Nous savons qu'avec ceux qui l'aiment, Dieu collabore en tout pour leur bien.» (*Rm* 8,28) Dieu veut que nos contacts avec cette personne difficile contribuent au bien. Et deviennent quelque chose de beau. Sainte Thérèse de Lisieux répétait souvent, surtout vers la fin de sa vie, que *tout est grâce*. Cette personne difficile est donc aussi une grâce, comme le fait que nous soyons ensemble. Cela devrait devenir un don précieux pour nous deux et pour les autres. Hélas, ni l'évangile ni l'épître aux Romains ne nous disent comment nous y prendre. Comment réaliser cela reste à voir. Nous sommes invités à être créatifs et inventifs, à ce moment-là. L'affirmation de saint Paul selon laquelle toutes choses tournent au bien peut nous donner confiance — après tout, c'est une garantie divine! Ainsi nous pouvons commencer avec la certitude que Dieu nous assure: «C'est possible.»

Reprenons le même thème d'une façon plus pratique. Si une personne boite, nous supposons naturellement qu'elle a mal à la jambe ou à la hanche, ce qui l'empêche de marcher normalement. Spontanément, nous sommes prêts à l'aider et à être patients avec cette personne. Il arrive, cependant, qu'une personne avance dans la vie en boitant quelque peu psychologiquement. Alors, nous pouvons aussi être assurés que quelque chose n'est pas tout à fait en bon ordre. Ce peut être seulement une petite chose, mais cette déficience pousse la personne à agir de telle façon. Afin de survivre, de se déprendre dans la vie, elle doit boiter.

Maintenant, il est frappant qu'avec une personne qui boite physiquement nous montrons habituellement bien de la compréhension et de la bonne volonté. Mais avec une personne qui boite psychologiquement nous pouvons être implacablement durs. Nous ne pouvons pas tolérer que cette personne ait un complexe. Nous exerçons de la pression, parfois de façon très imprudente. Nous pouvons même être cruels, probablement sans le réaliser nous-mêmes. La seule chose qui nous rendrait plus compréhensifs serait que la personne reconnaisse son problème psychologique. Alors le monde est rond de nouveau et, assurés de notre supériorité, nous sommes prêts à montrer de la pitié. Étrange! À une personne qui boite nous ne demandons pas qu'elle nous déclare d'abord son infirmité. Comme ce serait plus fécond si nous réfléchissions paisiblement à la façon de tourner cette situation au bien. C'est ce que Dieu désire.

« La plus grande chose au monde est le respect, parce que c'est le cœur de l'amour. » Un jour, en vacances, j'ai lu cette phrase sur le tabernacle d'une église de campagne. Le texte m'a agacé parce qu'il ressemblait à une publicité facile. Après ma visite à l'église, j'ai fait une longue marche dans les bois, et même si je n'aimais pas ces paroles, elles me dérangeaient. Alors, impatienté, je me suis demandé ce que je considérais comme la chose la plus grande en ce monde. La réponse était évidente : l'amour est la plus grande chose au monde. Alors seulement j'ai commencé à comprendre que ce texte parlait aussi d'amour, d'une façon très spécifique. Il soulignait que le *respect* est le cœur de l'amour. Avec cette perception, mon humeur a changé et j'ai commencé à penser à ce texte de manière positive. À ma grande surprise, j'ai découvert un bijou. Maintenant je suis convaincu que là où manque le respect, l'amour est absent. Nous pouvons donner mille dollars à quelqu'un, mais si nous le faisons sans respect, nous insultons ou blessons cette personne parce que l'amour manque. Dans nos interactions les uns avec les autres, c'est également vrai : sans respect, il n'y a pas d'amour. Cela s'applique à toutes les relations, quel que soit le handicap qui est en jeu, soit physique, soit psychologique, ou si nous sommes en difficulté avec quelqu'un. Chaque personne a droit à notre respect parce que notre amour s'y cristallise.

Durant sa vie publique, Jésus a souvent dit que l'amour du prochain, même s'il s'agissait du second commandement, est égal à l'amour de Dieu. « Vous aimerez le Seigneur votre Dieu de tout votre cœur, de toute votre âme et de tout votre esprit. C'est le plus grand et le premier commandement. Et voici le second : vous aimerez votre prochain comme vous-mêmes. » (*Mt* 22,37-39) Il est beau que le second commandement soit si intimement lié au premier. Mais il est quelque peu tragique que la mesure de notre charité soit la mesure de notre amour de nous-mêmes. En effet, c'est la frontière naturelle. Nous ne pouvons pas aimer notre prochain plus que nous nous aimons nous-mêmes. Malheureusement, bien des gens ne s'aiment pas beaucoup eux-mêmes. Dans la pensée de Carl Gustav Jung nous pouvons distinguer entre égoïsme et amour de soi. Le premier est amour de l'ego, et n'est donc pas ouvert aux autres. L'amour de soi est plus mûr, plus capable d'aimer le prochain.

Se gâter soi-même est une forme d'égoïsme et habituellement le signe que l'amour de soi n'est pas encore bien développé. De même, les parents qui gâtent un enfant recherchent souvent leur propre intérêt plutôt que le véritable bien de leur enfant.

L'Évangile nous appelle, en citant le *Lévitique*, à aimer notre prochain comme nous-mêmes. Les personnes qui s'aiment vraiment elles-mêmes sont capables d'aimer leur prochain. Si notre amour de nous-mêmes est limité, nous sommes facilement portés à rechercher des contacts avec les autres pour nous confirmer nous-mêmes et pour renforcer le sentiment de notre propre valeur. Dans ces cas, ce qui passe pour de l'amour contient une bonne dose d'égoïsme drapé dans l'altruisme.

Il est remarquable que Jésus, à la fin de sa vie, dépasse la norme de l'amour de soi. En fait, il fait un formidable saut. Il enseigne vraiment quelque chose de neuf. « Je vous donne un commandement nouveau : aimez-vous les uns les autres. Comme je vous ai aimés, aimez-vous aussi les uns les autres. C'est ainsi que tous reconnaîtront que vous êtes mes disciples, si vous vous aimez les uns les autres. » (*Jn* 13,34-35) La mesure de la charité n'est plus « aimez votre prochain comme vous-mêmes », mais « aimez votre prochain *comme j'aime* ». Quelle énorme différence ! Il n'est pas nécessaire de beaucoup réfléchir pour réaliser que nous sommes mis au défi bien au-delà de nos capacités. Nous aimer les uns les autres comme Jésus nous a aimés ! Devons-nous nous laver les pieds, alors ? Allons-nous prier pour nos persécuteurs quand nous subissons une injustice : « Père, pardonne-leur, ils ne savent pas ce qu'ils font » ? Devons-nous appeler notre Judas : « ami » ? Tout cela est complètement hors de notre portée.

Évidemment, Jésus savait bien que, par ce commandement final, il exigeait de nous quelque chose que nous ne pouvions pas accomplir par nous-mêmes. « Comme je vous ai aimés, ainsi aimez-vous les uns les autres. » Un tel amour n'est possible que s'il nous est donné. Ici, nous touchons un élément essentiel de l'Évangile : Dieu est amour et la source de tout amour. Il nous faut donc ouvrir notre cœur pour laisser l'amour de Dieu se répandre en nous et nous combler, nous combler jusqu'au bord. Alors, quand notre cœur est rempli complètement de l'amour de Dieu, cet amour commence à déborder et nous passons ce que nous avons reçu. Ce flot de l'amour de Dieu s'écoule à travers nous pour devenir notre amour pour le prochain. C'est le même flot, jaillissant de la seule et même source.

Rappelez-vous l'analogie du Jourdain, mentionnée à la fin du chapitre 6. Si notre cœur se ferme, il devient comme la mer Morte — si salée que rien ne peut vivre en elle ou autour d'elle. Mais si nous ouvrons notre cœur pour que l'amour de Dieu y coule librement, il devient comme la mer de Galilée, foisonnante de vie et de fraîcheur. L'amour dont nous aimons doit nous être donné ; nous devons le recevoir de Dieu, l'accueillir et le donner. C'est notre tâche de rendre nos cœurs larges et réceptifs et ouverts à cet amour.

La géographie de mon pays natal, la Hollande, suggère une charmante analogie. Au village de Wijk bij Duurstede, le Rhin change de nom et s'appelle ensuite le Lek. J'ai appris cela dans mon enfance à l'école primaire, et je me suis imaginé un impressionnant monument naturel. Quand, plus tard, j'ai visité cet endroit, j'ai découvert que c'était un lieu ordinaire, banal. Tout ce qui s'y trouve, c'est un panneau qui dit que le fleuve, à partir de cet endroit, s'appelle Lek. Le commandement nouveau de Jésus à propos de l'amour du prochain est aussi plus simple que notre imagination le supposerait. Il n'y a qu'un flot d'amour qui origine en Dieu et coule à travers nous jusqu'au prochain. Quand le flot atteint notre cœur, il change de nom. D'abord, c'est l'amour de Dieu pour nous, ensuite c'est notre amour pour le prochain. Pour le dire plus simplement: l'amour que Jésus exige de nous, lui-même nous le donne déjà. Voilà le modèle fondamental de toute vie d'après l'Évangile. De bien des façons, l'Évangile dépasse totalement nos capacités, si nous tentons de le vivre par nos propres forces. Mais l'art de vivre l'Évangile consiste précisément à laisser Dieu travailler en nous et par nous. Cela exige, sans doute, une consécration totale, mais dans le même temps une telle vie est très détendue et pleine d'une paix que le monde ne connaît pas.

Dans le treizième chapitre de sa première épître aux Corinthiens, saint Paul écrit le Cantique de l'amour. Il y offre une phénoménologie de l'amour. Paul décrit attentivement ce à quoi ressemble l'amour, en traçant un portrait de Jésus: «L'amour est patient, l'amour est doux. Il n'est pas jaloux, ni pompeux...» (13,4) Si nous remplaçons le mot «amour» par le nom de Jésus, cela concorde parfaitement: «Jésus est patient, Jésus est doux. Il n'est pas jaloux, ni pompeux...» Dans la personne de Jésus, nous pouvons expérimenter ce qu'est l'amour. Il est bon de contempler souvent Jésus et d'apprendre de lui ce qu'il en est de ce flot d'amour que Dieu désire tellement voir abonder en nous. Ailleurs, saint Paul écrit: «Je vis, mais ce n'est pas moi qui vis, c'est le Christ qui vit en moi.» (*Ga* 2,20) On peut paraphraser: «J'aime, mais ce n'est pas moi qui aime, c'est le Christ qui aime en moi.» La chose qui compte dans notre vie, c'est l'amour — l'amour seul compte et dure. Ce qu'est vraiment l'amour, nous devons l'apprendre de Jésus. Lui seul peut éveiller en nous l'amour et lui permettre de s'épanouir.

L'autre est aussi blessé.
Tu compatis à notre infirmité.
Donne-moi donc la bonne volonté
de voir les besoins de l'autre
et non de soigner mes propres plaies
comme un obscur trésor
qui occupe constamment mon esprit.
L'autre aussi est blessé.
Tu perces les raisons pour lesquelles
nous n'avons pas écouté les signaux de notre cœur.
Empêche-moi de calculer pour moi-même
la souffrance la plus profonde,
la part la plus légère de culpabilité
comme un profit auquel je n'ai pas droit.
L'autre aussi est blessé,
et quand je recherche sa présence,
alors, Toi, Dieu, tu es avec nous deux.
Je veux commencer à le voir,
lui que la colère a tellement séparé de moi,
avec tes yeux.
Seigneur, restaure ma confiance en miettes
et quand je ne puis pardonner,
alors, s'il te plaît, pardonne en moi.
Je demande ta paix
qui met fin à toute inimitié.
Seigneur, dis-nous à tous deux:
la paix soit avec vous
aujourd'hui et chaque jour,
à jamais[2]!

---

2. S. Naegeli, *Die Nacht ist voller Sterne,* Freiburg (Allemagne), Herder, 1997, p. 825.

CHAPITRE 10

« *Père, pardonne-leur...* »

Prenons maintenant le temps d'être présents au Golgotha et là, de méditer le premier des derniers mots de Jésus sur la croix : « Père, pardonne-leur : ils ne savent pas ce qu'ils font. » (*Lc* 23,34)

L'Ancien Testament mentionne plusieurs fois que Dieu entend les pauvres quand ils crient et même quand ils maudissent.

> Ne repousse pas le suppliant durement éprouvé
> ne détourne pas du pauvre ton regard.
> Ne détourne pas tes yeux du nécessiteux,
> ne donne à personne l'occasion de te maudire.
> Si quelqu'un te maudit dans sa détresse,
> son Créateur exaucera son imprécation. (*Si* 4,4-6)

Le livre de l'Alliance proclame de la même façon : « Vous ne molesterez ni n'opprimerez l'étranger, car vous étiez vous-mêmes des étrangers dans la terre d'Égypte. Vous ne ferez pas de tort à la veuve et à l'orphelin. Si jamais vous leur faites tort et qu'ils crient vers moi, j'entendrai sûrement leur cri. » (*Ex* 22,20-22)

Combien plus, alors, Dieu entend-il le cri de son Fils qui s'est anéanti lui-même jusqu'à l'extrême anéantissement. De plus, le cri de Jésus est une demande pleine d'amour: «Père, pardonne-leur, ils ne savent pas ce qu'ils font.» Quoique, à plusieurs reprises, Jésus ait pardonné les péchés, ici il demande au Père de pardonner.

Cette prière vise en premier lieu les bourreaux, les soldats romains qui l'ont cloué à la croix. Vraiment, ils ne savent pas ce qu'ils font. Ils n'ont pas la moindre idée de qui est, ce jour-là, victime de leur tâche habituelle.

Cette demande de Jésus concerne aussi ceux qui ont donné l'ordre de crucifier Jésus: Pilate et, derrière lui, les scribes, les prêtres et les Pharisiens. Ici, les faits sont plus nuancés: eux savent très bien quel ordre ils ont donné. Ils l'ont soigneusement planifié et exécuté avec un soin méticuleux. À un plan plus profond cependant, la demande sonne juste: ils ne savent pas ce qu'ils font. La mission et la personne de Jésus, et par-dessus tout sa relation avec son Abba et son immense amour, cela ils ne le savent pas. Ils auraient pu en savoir quelque chose, mais ils avaient fermé leur cœur.

Finalement, cette prière de Jésus s'applique aussi à nous: «Père, pardonne-leur, ils ne savent pas ce qu'ils font.» Si nous voulons mieux connaître Jésus, pour l'aimer davantage et pour le suivre de plus près, alors nous devons maintenant le contempler attentivement, l'écouter avec soin et ouvrir tout grands nos cœurs. En contemplant Jésus qui prie pour le pardon, nous avons une occasion unique de nous rapprocher de lui.

Jésus a toujours enseigné que nous devons nous pardonner les uns les autres. Lors du sermon dans la plaine, Jésus dit: «Pardonnez et l'on vous pardonnera.» (*Lc* 6,37) Dans le Notre Père, il nous enseigne à prier: «Pardonne-nous nos offenses comme nous pardonnons. » Ce petit mot « comme » porte une charge explosive.

Un jour, Pierre demande à Jésus : « Dois-je pardonner jusqu'à sept fois à mon frère ? » Jésus répondit : « En vérité je te le dis, non pas sept fois, mais soixante dix fois sept fois. » (*Mt* 18,22) Dans le langage juif, cela signifie sans aucune restriction. En plus de cette réponse, Jésus raconte la parabole de l'homme qui portait une énorme dette, un montant au-delà de toutes proportions imaginables. Quand cet homme supplie : « Sois patient avec moi et je te paierai tout », son maître et lui savent tous les deux que c'est une promesse vaine. Cependant, le maître lui remet sa dette. Tout de suite après, le même homme saisit un collègue qui lui doit un beaucoup plus petit montant. À juste titre, le maître le convoque et lui reproche : « Mauvais serviteur ! Je t'ai remis toute ta dette parce que tu m'en as supplié. Est-ce que tu n'aurais pas dû avoir pitié de ton compagnon comme j'ai eu pitié de toi ? » La pointe de cette parabole ne semble pas être une exigence morale — parce que Dieu nous a pardonné, nous devons aussi pardonner à notre prochain — mais plutôt une nécessité existentielle. Si notre cœur n'est pas complètement endurci et si nous réalisons combien nous avons été pardonnés, alors nous ne pouvons pas ne pas pardonner. Si nous ne le faisons pas, alors nous ne semblons pas avoir saisi du tout combien nous avons été pardonnés.

Le pardon humain signifie que la personne qui pardonne domine sa rancune et son ressentiment. De cette façon, son propre cœur est libéré et soulagé. Le cardinal Bernardin en donne un bel exemple : « La grâce de Dieu m'avais aidé à survivre à ce temps d'épreuve [de la fausse accusation] et à comprendre plus en profondeur ce que représente le pardon, même de ceux qui nous ont nui le plus. Durant ces mois, je m'étais vidé de moi-même pour que Dieu puisse prendre la place. Résultat : ma réconciliation avec Steven Cook m'a comblé d'une vie nouvelle[1]. »

Le pardon de Dieu est complètement différent. Dans ce cas-ci, rien ne change en Dieu qui pardonne, mais seulement dans la personne qui reçoit le pardon. Le cœur de la personne pardonnée fond, perd sa carapace protectrice et est pleinement ranimé.

Luc, au chapitre 7 de son évangile, raconte un fait qui illustre cela de manière très frappante : la rencontre de la pécheresse avec Jésus dans la maison de Simon le Pharisien. Dans ce passage se trouve un verset qui a causé bien des problèmes aux exégètes. La première édition de la New American Bible le traduit ainsi : « Je vous le dis, voilà pourquoi ses nombreux péchés sont pardonnés — parce qu'elle a beaucoup aimé. » (7,47) En le sortant du contexte, tout le monde, probablement, comprendrait ainsi ce verset : ses nombreux péchés sont pardonnés parce qu'elle a montré un si grand amour ; grâce à son amour, elle a obtenu son pardon. Évidemment, cela ne peut pas être exact parce que cette interprétation contredit directement la parabole précédente, où Jésus enseigne que c'est le fait d'être pardonné qui conduit à une gratitude et un amour plus grands. De plus, une telle interprétation serait en désaccord avec toute l'Écriture qui présente toujours le pardon de Dieu comme un don gratuit, une grâce que nous ne pouvons pas mériter. La deuxième édition de la New American Bible (1986 et 1991) traduit plus exactement ce verset : « Alors je

---

1. J. BERNARDIN, *Le don de la paix*, Montréal, Bellarmin, 1999, p. 54-55.

vous le dis, ses nombreux péchés sont pardonnés ; en conséquence elle a montré beaucoup d'amour. » Même si dans cette traduction la subtile ambiguïté du texte grec a été sacrifiée, un malentendu évident et habituel a été éliminé. Le message est maintenant clair : le très grand amour de cette femme est le fruit du pardon qu'elle a expérimenté si intensément. Lorsqu'elle vit Jésus, elle sut instantanément dans son cœur qu'il lui pardonnait son péché. Le regard aimant de Jésus était tout différent des regards de ceux qui désiraient ses faveurs, et aussi de l'examen méprisant des Pharisiens qui la condamnaient et la rejetaient. Sous le tendre regard de Jésus, l'épaisse couche de glace qui entourait son cœur a fondu comme la neige sous le soleil d'hiver. Son amour a été libéré et s'est révélé expansif. Elle a prodigué son amour à Jésus de façon débordante. Le pardon de Jésus avait libéré son amour de sa prison. L'amour a fleuri comme le fruit du pardon.

L'enseignement et la conduite de Jésus nous prouvent encore et encore sa volonté inépuisable de pardonner. À la femme surprise en flagrant délit d'adultère, Jésus dit : « Quelqu'un t'a-t-il condamné ?... Moi non plus je ne te condamne pas. » (*Jn* 8,10-11) Zachée, le collecteur d'impôts, eut le privilège d'expérimenter le salut venu jusque chez lui parce que le Fils de l'homme était venu chercher et sauver ce qui était perdu (voir *Lc* 19,9-10). Le paralytique descendu par le toit fut surpris quand Jésus lui annonça : « Tes péchés sont pardonnés » ; ce n'était pas ce qu'il venait chercher (voir *Mc* 2,1-12). Encore et encore, Jésus a pardonné. Il n'attendait pas nécessairement l'aveu de la culpabilité ou des signes de contrition, comme le montre l'exemple du paralytique. Ce que Jésus nous dit dans la parabole du fils prodigue et du père retrouvé, il l'a lui-même vécu le premier : « Qui me voit voit le Père. » Le pardon est l'achèvement de l'amour, selon Bergengruen (voir le chapitre 5). Le pardon suppose la disponibilité à souffrir de la part d'une personne sans la décompter.

Que signifie cette attitude de Jésus pour moi personnellement ? La Parole de Dieu qui est amour s'est faite chair. Jésus incarne le pardon de Dieu. Par toute sa personne et tout au long de sa vie — spécialement à « l'heure » où il meurt sur la croix —, Jésus nous fait connaître et éprouver que son pardon est sans limite et que son amour n'exclut personne. Cette Parole est mon salut. « Avec toi est le pardon et de cela je vis. » Nous devrions faire une longue pause ici pour assimiler ce message, pour le laisser nous envelopper et prendre racine en nous. Le Père entend la prière de Jésus mourant, transformant sa terrible mort en une source de pardon pour tout péché.

La phase suivante, cependant, vient ensuite inexorablement. Ai-je à pardonner à quelqu'un ? La violence et l'agression se multiplient de nos jours. Le pardon doit détourner cette marée montante de violence ou plutôt en étancher le flot. À Pâques, en 1961, le deuxième secrétaire général des Nations Unies, Dag Hammarskjöld, écrivit dans son journal : « Le pardon brise la chaîne de la causalité. » La haine cause et justifie la violence, et la violence à son tour soulève la haine. C'est un cercle vicieux, un cercle satanique. Le pardon fait éclater ce cercle. Notre monde a désespérément besoin de pardon. Sans pardon, le monde perd son visage humain et n'est plus un reflet de son Créateur.

Le pardon n'implique pas qu'on dissimule ou qu'on donne des excuses boiteuses. Nous ne pardonnerons jamais vraiment si nous ne reconnaissons pas combien le prochain a eu tort de nous blesser.

Pardonner ne veut pas dire réprimer, ou essayer d'oublier. Cela n'est ni un vrai pardon ni une véritable solution. Le proverbe dit : « pardonner et oublier ». Quoique j'aie beaucoup d'estime pour la sagesse populaire, je ne suis pas tout à fait d'accord dans ce cas-ci. Quand nous sommes victimes d'une profonde injustice, celle-ci demeure gravée dans notre mémoire, parfois même dans notre corps, et sûrement dans notre psyché. Nous ne pouvons pas l'oublier. Ce serait exiger l'impossible, et je ne crois pas que ce doive être notre idéal.

Le pardon n'est pas non plus une naïveté innocente qui atténue toutes choses, prétend qu'il n'y a pas de mal et ensuite tente de tout aplanir. Cela n'est pas un pardon authentique. Le pardon n'est pas une absence de colonne vertébrale, une tendance à éviter toute confrontation sans conviction et sans vrai lien, une indulgence issue d'un manque de courage. Voilà des caricatures qui nous mettent sur de mauvaises pistes.

Les personnes qui ne pardonnent pas demeurent sous la coupe de quiconque les a blessées. Ceux contre qui nous choisissons de rester en colère nous contrôleront. Ils imposeront des limites à nos émotions, à notre corps, à notre développement et même à notre spiritualité. Un proverbe chinois affirme qu'une personne qui cherche à se venger devrait creuser deux tombes. Le pardon n'est d'aucune façon une forme de faiblesse. Au contraire, il exige une grande force.

Il peut aussi y avoir d'autres sortes de fausses perceptions. D'abord, il peut y avoir malentendu au sujet de la souffrance que nous éprouvons. Peut-être que la personne qui nous a blessés voulait quelque chose de tout à fait différent de ce que nous avons compris. Nous pouvons nous être trompés, ou ce peut être l'autre qui s'est trompé. Si cette fausse interprétation s'éclaire, nous pourrions facilement reprendre nos relations.

Ensuite, nous ne devrions jamais oublier que chaque personne est plus grande que sa faute. Ce serait une grave injustice de réduire la personne à sa faute. Ce qui signifierait de se créer une image de notre prochain — l'image d'une personne mauvaise — et de l'enfermer dans cette image. Si nous ne voyons dans l'autre que de la culpabilité, alors nous ne sommes plus en relation avec lui d'une manière juste. Chaque personne humaine est plus grande que sa faute.

De plus, même si l'autre personne est coupable, il se peut que nous aussi soyons coupables. Il est bien difficile de réagir avec justice à l'injustice des autres. Quand la culpabilité de l'autre est claire comme le jour, il serait encore salutaire de prendre quelques minutes pour réfléchir et pour examiner comment nous réagissons à cette injustice, et pour nous demander si nous ne sommes pas coupables nous aussi. La colère que nous éprouvons devant la culpabilité de l'autre peut facilement nous conduire à réprimer notre propre culpabilité. Nous ne voyons alors qu'une partie du tableau, une partie de la vérité.

Pardonner suppose qu'on renonce à la déception et au ressentiment auquel nous aurions droit. Nous avons réellement une raison et un droit à être fâchés et douloureux. Pourtant, nous pouvons choisir de ne pas nous attacher à ces sentiments. Nous sacrifions à Dieu notre ressentiment. L'autre personne a vraiment été injuste envers nous, et notre déception est tout à fait normale et saine ; cependant, nous ne devons pas la ruminer. Nous pouvons la laisser tomber volontairement et rencontrer la personne qui nous a fait du mal avec plus de bonne volonté qu'elle n'en mérite d'après les standards humains. Un authentique pardon nous enlève notre peine. Nous ne pouvons plus l'entretenir pour nous en servir plus tard contre l'autre. Nous abandonnons les sentiments de colère qui sont peut être devenus une possession chérie, quoique amère, et nous perdons ainsi un avantage douloureux. Nous avons tous besoin de plus d'amour que nous n'en méritons, comme nous le soulignions au chapitre 2. Le pardon fait appel à notre générosité pour pratiquer ce « plus » et pour donner aux autres plus d'amour qu'ils n'en méritent.

Pourquoi le pardon est-il parfois si difficile ? Quelque chose en nous veut s'attacher à notre souffrance et à notre amertume bien justifiées. C'est comme un sombre trésor que nous considérons à tort comme précieux. Nous le chérissons. L'autre n'a pas joué franc jeu avec nous et a été injuste. Nous nous y attardons. Nous nous retirons à l'écart ; nous nous y blottissons et là, nous entretenons nos plaies, nous rendant impénétrables à toute pensée de pardon et d'amour. Nous entretenons le sombre mystère de notre souffrance et de notre amertume avec une obstination qui entraîne des ravages. En effet, de cette façon nous détruisons notre propre vie et nous ruinons notre bonheur. C'est aussi le point où beaucoup de gens restent paralysés dans leur vie spirituelle : quand ils ne peuvent plus pardonner. Ils tournent en rond dans un cercle malsain d'interminables répétitions, au point de devenir névrosés. Quelque chose qui s'est produit vingt ans plus tôt est rappelé comme si cela s'était produit hier. Les ressentiments ont été gardés vivants et entretenus pendant des décennies — un cercle vicieux, une prison mortelle. Nous avons tourné en rond dans ce cycle pendant bien longtemps mais nous ne pouvons pas en sortir. Le saut vers la liberté nous échappe.

Il s'agit peut-être du souvenir d'un échec personnel. Un jour, nous avons manqué notre coup et nous blâmons quelqu'un d'autre. Si l'autre personne avait agi différemment, les choses auraient tourné en un succès pour nous. Nous ne pouvons pas pardonner à l'autre cette faute ! Quelqu'un a fait obstacle à nos projets qui semblaient si prometteurs. Nous avons perdu la face et nous sommes humiliés. Et maintenant nous restons tenacement attachés à notre déception. L'autre a fait que nous avons l'air stupide — nous sommes blessés dans notre honneur ou notre sensibilité. Et la blessure s'agrandit de plus en plus. Pardonner ? Personne ne peut exiger cela de nous !

Par le pardon, quelque chose de vraiment nouveau surgit dans notre monde. Quiconque veut vivre de façon créative doit pardonner. Sans pardon, nous restons prisonniers — captifs — dans le cercle démoniaque des répétitions infinies, dans un monde stérile et unidimensionnel, loin de Dieu.

Pardonner signifie choisir la vie et ne pas pardonner veut dire choisir la mort ou de nombreux petits pas vers une vie sans bonheur et sans bénédiction. Le pardon peut renouveler une personne, une communauté, et même un peuple. Le pardon est l'acte courageux d'une personne vigilante, qui se libère de l'enchantement trompeur du mal et tente de libérer même l'ennemi de son isolement stérile. De cette façon, le pardon ouvre un nouvel avenir pour nous-mêmes et pour l'autre. Ne pas pardonner fait mourir les relations. Nous tournons en rond dans les limites glacées de l'amertume, de la pitié et du mépris des autres. Ne pas pardonner coupe les communications et isole la personne. Nous perdons contact avec nos semblables et éventuellement avec la réalité. Ultimement, la justice ne consiste pas à détruire la personne mauvaise (comme dans la peine de mort), mais à la libérer de la destruction et à lui offrir la possibilité de nouvelles relations. Seul le pardon peut ouvrir un avenir véritable et créer de nouveaux liens. La violence ne peut jamais réaliser cela. Quiconque cherche la perte de ses adversaires — humiliation, échec, défaite, malchance, malheur — n'a pas encore compris l'Évangile. Quiconque veut la destruction de ses ennemis — camps de concentration, nettoyage ethnique, inquisition, peine de mort — ferme tout avenir et rend inhabitable le monde de Dieu.

Le pardon est l'acte libre d'une personne indépendante qui ne se laisse pas enfermer dans la logique de son adversaire. Il est sans doute très difficile de pardonner. Mais ne pas pardonner pourrait être encore plus difficile. Alors l'amertume et le ressentiment empoisonnent notre propre vie. C'est une grâce et une libération de pouvoir pardonner. Le pardon est essentiel pour l'amour tel que Jésus le comprend : «l'amour ne tient pas compte des offenses» (*1 Co* 13,5).

Qui veut vraiment pardonner doit descendre de son trône. Autrement, la tentative de pardon dégénère en accusation et alors il ne faudrait pas être surpris que l'autre personne refuse l'offre de pardon. Pour pardonner avec liberté et amour, nous avons besoin de vérité intérieure et d'une bonne dose d'humilité. Parfois la réconciliation est impossible, non pas à cause de l'entêtement et de la dureté de cœur de l'offensant, mais à cause de l'orgueil et de l'arrogance de la personne offensée. Le pardon est une prise de conscience progressive du fait que nous ne pouvons pas contrôler un autre.

Le pardon est une œuvre difficile pour notre cœur et notre esprit, surtout si nous devons pardonner à nos parents ou nos supérieurs, à un membre du clergé ou des amis. De plus, le pardon est à la fois une décision et une longue démarche. Nous ne pouvons tout faire en même temps. Nous devons pardonner plusieurs fois avant que notre cœur soit vraiment libre. L'analogie de la spirale peut nous aider ici (et dans bien d'autres cas). Nous pouvons tourner en rond sans faire de progrès, mais si nous sommes dans une spirale, à chaque tour nous montons un peu plus haut. Alors il y a progrès, même s'il est lent. La pointe de la comparaison, cependant, c'est que dans une spirale, nous repassons au même point à chaque orbite et que nous sommes confrontés à la même réalité. Nous devons l'affronter chaque fois. Alors nous pouvons entreprendre un autre tour jusqu'à ce que nous revenions encore au même point. Alors nous devons pardonner encore. Ainsi va la vie.

Nous ne pouvons pas pardonner dans un seul grand geste, mais seulement par une démarche continue.

À la fin du chapitre 5, nous mentionnions que l'*acceptation* du pardon est un processus. Mais le pardon lui-même est un processus. Nous devons être assez consentants et courageux et tenaces pour pardonner encore et encore. Nous pouvons distinguer plusieurs étapes dans cette démarche. D'abord, il faut que grandisse en nous un consentement fondamental au pardon. Dans une deuxième phase, le désir de pardonner s'accroît, mais tout cela se passe dans notre intellect et notre volonté ; le cœur n'est pas encore de la partie. Ce qui signifie que nous sommes sur la voie, que nous avons atteint un niveau supérieur, mais ce n'est pas encore le but lui-même. Puis nous entrons graduellement dans la troisième phase où le pardon vient vraiment du cœur, où l'amertume disparaît et où nous devenons vraiment transparents.

Les trois phases sont des grâces. De nos propres forces, nous ne pouvons pas pardonner, surtout s'il s'agit d'un mal profond. Pardonner est la chose la plus divine que nous puissions faire. C'est l'achèvement de l'amour. Lorsque nous constatons que nous ne pouvons pas (encore) pardonner, nous devons prendre bien garde de ne pas nous blâmer nous-mêmes ni de nous décourager, aussi longtemps qu'existe un désir sincère de grandir jusqu'au pardon. Le découragement est toujours l'œuvre d'un esprit mauvais.

Le mieux à faire maintenant est d'aller s'asseoir au pied du crucifix en contemplant paisiblement Jésus et l'entendant dire : « Père, pardonne-leur, ils ne savent pas ce qu'ils font. »

Mon Dieu,
il y a dans mon cœur tellement de pensées
qui sèment la destruction !
J'éprouve de la colère,

de la froideur,
de la rage,
le désir de me venger.
Je laisse cela venir au jour
mais je ne suis pas soulagé.
Je veux protéger
la personne qui m'a blessé
contre moi-même.
Je veux la comprendre,
saisir ses besoins
et me rappeler
tout ce que je lui dois.
Je veux pardonner.
Mon amour est-il si faible
que je ne puis accepter d'être blessé?
Et n'ai-je pas moi-même blessé les autres?
Je ne laisserai pas l'implacabilité
prendre racine en moi.
Dieu,
tu pardonnes généreusement.
Guéris-nous,
ramène-nous l'un vers l'autre
et vers toi,
aujourd'hui et chaque jour,
pour toujours[1].

---

1. S. Naegeli, *Die Nacht ist voller Sterne,* p. 805.

CHAPITRE II

Jésus crucifié

Dans certaines régions chrétiennes, se trouvent des villages où, chaque vendredi après-midi à 3 heures, les cloches de l'église sonnent. Elles nous rappellent une heure immensément significative dans l'histoire humaine : un vendredi, la croix de Jésus se dressait sur le Golgotha. Cette croix projette son ombre sur tous les âges avant et après elle. Elle se tient debout au centre du temps. Dans la culture occidentale, nous comptons les années avant et après le Christ. La croix est au centre du monde, non seulement chronologiquement mais aussi géographiquement. Tous les chemins de l'humanité conduisent sans cesse vers ce point. La devise des chartreux se lit ainsi : « *Stat crux, dum volvitur orbis* » — la croix tient droit pendant que le monde tourne. La croix est l'axe, le moyeu. Tous rencontrent la croix. Nous pouvons cependant réagir différemment. Quelle est ma réaction spontanée quand j'aperçois un crucifix ? Une bonne question — avec une réponse révélatrice. Ma première pensée est-elle une évaluation de sa valeur artistique ? Romane ou baroque, à la mode ou kitsch ? Ou bien est-ce que je pense immédiatement à la passion et à l'agonie de

Jésus ? Est-ce que je me rappelle l'extrême cruauté de cette mise à mort la plus honteuse des temps anciens ? Est-ce que je me souviens de l'abandon de Jésus ? De son amour ? Qu'est-ce qui me vient d'abord à l'esprit à la vue d'un crucifix ? Cela révèle quelque chose à mon sujet.

Il y a bien des façons de réagir, pas seulement devant le crucifix en tant qu'image, mais aussi devant la croix comme réalité — dans le passé, quand Jésus y est mort, ou dans le présent, quand elle entre dans notre vie. Quelques personnes réagissent par un rejet amer ou un abattement silencieux. Mais il peut aussi y avoir un lien intime avec la croix sur laquelle « mon amour est crucifié ». Une infinité de réactions se situent entre ces extrêmes. Depuis le début, le crucifix est un signe de contradiction. Un des voleurs crucifiés avec Jésus prie pour la grâce de la réconciliation et pour le Royaume, alors que l'autre se moque et le rejette rageusement — ils occupent la même position, à droite et à gauche de la croix de Jésus. Quelques-uns rient de Jésus et le défient de descendre de la croix. Au contraire, le centurion romain confesse : « En vérité, celui-ci est le Fils de Dieu ! » (*Mt* 27,54)

Tous et toutes nous rencontrons la croix. C'est notre réaction qui est importante. En mars 1996, sept moines trappistes ont été cruellement massacrés en Algérie, victimes du fanatisme religieux. Aux funérailles de ces martyrs, l'évêque du lieu, Pierre Claverie, prononça l'homélie. Quelques mois plus tard, cet évêque fut lui aussi tué par les mêmes fondamentalistes. Pendant qu'il prêchait, sa propre mort était imminente. En était-il conscient ? Dans son homélie, il dit entre autres choses : « Si le christianisme s'éloigne de la croix, son contenu et sa force se perdent dans une certaine mesure. La vitalité de l'Église, sa fécondité et son espérance ont leur matrice et leurs racines dans la croix de Jésus. Nulle part ailleurs ! Tout le reste est secondaire, conduit à des illusions et jette de la poudre à nos yeux. L'Église trompe elle-même et les autres si elle agit comme une puissance terrestre, comme un organisme humanitaire parmi d'autres ou comme une entreprise d'évangélisation aux résultats spectaculaires. »

La croix est le centre de l'histoire et le centre de l'Église. De là seulement vient notre fécondité. Mon amour est crucifié. Les chrétiens sont des gens qui ont reconnu le Fils de Dieu dans cet homme crucifié, qui ont été touchés par son amour « jusqu'à la fin » et qui ont trouvé en lui le grand amour de leur vie. La croix est pour eux le centre du monde. Cyrille de Jérusalem disait : « Dieu a étendu ses bras sur la croix pour embrasser les extrémités de la terre. » Dieu s'est ouvert largement dans toutes les directions avec ses bras étendus dans son désir d'envelopper tous les humains et toutes choses. Selon Lactance, un écrivain chrétien des premiers siècles : « Dieu a étendu les bras sur la croix et il a embrassé toute la terre pour signifier que, de l'Orient à l'Occident, un peuple à venir se rassemblerait sous les ailes de Dieu. »

À ce point-ci, c'est le monde entier qui est en jeu. Dans le onzième chapitre de l'évangile de Jean, nous trouvons un passage remarquable. Comme le Sanhédrin délibérait sur la façon de mettre Jésus à mort, un de ses membres, Caïphe, le grand-prêtre cette année-là, parla : « Vous n'y entendez rien. Vous ne songez même pas qu'il est de votre intérêt qu'un seul homme meure pour le peuple, et que la nation ne périsse pas tout entière. » Puis Jean ajoute cette explication : « Or cela il ne le dit pas de lui-même mais, étant grand-prêtre cette année-là, il prophétisa que Jésus allait mourir pour la nation, et pas seulement pour la nation, mais aussi afin de rassembler dans l'unité tous les enfants de Dieu dispersés. » (*Jn* 11,49-52) Sous chaque crucifix, il conviendrait de placer un globe terrestre.

« Je veux le connaître, lui, avec la puissance de sa résurrection et la communion à ses souffrances, lui devenir conforme dans sa mort afin de parvenir si possible à ressusciter d'entre les morts. » (*Ph* 3,10-11) « Pour moi, que jamais je ne me glorifie sinon dans la croix de notre Seigneur Jésus Christ qui a fait du monde un crucifié pour moi et de moi un crucifié pour le monde. » (*Ga* 6,14) Paroles impressionnantes de Paul, mais les concrétiser dans la réalité quotidienne de nos vies n'est pas facile. Alors la croix peut facilement déclencher le rejet ou la dépression, si nous la considérons d'abord dans sa frustration et son injustice.

« Si quelqu'un m'avait dit au départ ce que j'expérimente avec vous, mon Dieu, je l'aurais mis de côté comme une folie. Même maintenant alors que tout mon être en est saisi, cela dépasse encore ma compréhension. Je traverse le feu et je ne suis pas brûlée. Je porte de lourds fardeaux et ils ne m'écrasent pas. Ce que je craignais avec angoisse s'est produit et j'ai survécu. Tu es avec moi — et je peux supporter l'incertitude, accepter la souffrance. Moi, si impatiente, je puis attendre avec confiance et m'abandonner à toi, moi-même et tout ce qui est à moi, parce que tu combats pour moi. Comme un sceau, tes actions s'impriment dans mon âme, afin que je n'oublie jamais ce dont tu es capable[1]. »

Ainsi parle quelqu'un qui a expérimenté et accepté la croix dans sa vie. Mais combien de gens ne réussissent pas à dire oui et deviennent insatisfaits, perdant toute perspective, et glissant dans l'amertume. Que Dieu se soit révélé définitivement dans un homme crucifié, cela confond toutes les attentes humaines. Dietrich Bonhœffer remarque que toutes les religions espèrent

---

1. Sabine Naegeli, *Die Nacht ist voller Sterne*, p. 106s.

un Dieu puissant. Dans la théologie protestante, surtout dans l'école de Karl Barth, on fait une nette distinction entre religion et foi. La religion est le sommet que les humains peuvent atteindre — les humains à leur plus élevé. La foi, au contraire, vient de Dieu, elle est divine et ne peut être atteinte par nos moyens. La foi nous est *donnée* par Dieu. Cette tradition religieuse perçoit un profond fossé entre religion et foi. Quand Bonhœffer, par exemple, parle de la chrétienté sans religion, il veut dire la foi pure sans aucune contamination de la religion dans le sens où nous l'avons décrite plus haut.

Dans le même sens, Bonhœffer prétend aussi — et ici personne ne le conteste — que toutes les religions attendent un Dieu puissant — un Dieu qui nous aidera toujours, qui ne nous évite pas la difficulté de la vie, mais qui l'allège. La foi est la grande contrepartie de la religion. La religion compte sur un Dieu puissant alors que la foi nous présente un Dieu crucifié, «scandale pour les Juifs et folie pour les Gentils» (*1 Co* 1,23). Cette foi nous vient comme une grâce que nous ne pouvons jamais atteindre par nos propres efforts.

L'évangéliste Jean, comme les synoptiques, mentionne aussi trois prédictions ou sommaires de la Passion, mais à partir de sa propre perspective singulière. La seconde se lit ainsi: «Quand vous élèverez le Fils de l'Homme, alors vous saurez que JE SUIS...» (8,28) Dans la traduction «Je suis», le nom divin par excellence brille clairement: «Yahvé — Je Suis qui Je suis». C'est un paradoxe extraordinaire. Jésus dit en substance, quand je mourrai sur la croix comme un ver de terre, à peine humain, alors vous reconnaîtrez en moi le Dieu ineffable.

D'un point de vue humain, il est inexplicable que souvent des gens aient vraiment trouvé Dieu dans cet homme crucifié. Par exemple, au XXe siècle, deux femmes juives extrêmement intelligentes ont fait l'expérience de cette grâce: Simone Weil et Edith Stein. Elles ont reconnu Jésus comme Dieu, alors qu'il mourait sur la croix. Simone Weil écrit dans une lettre à son directeur spirituel et ami, le P. Perin : « Le don précieux pour moi, comme vous savez, est la croix. S'il ne m'est pas donné de mériter de participer à la croix du Christ, alors j'espère au moins participer à la croix du larron pénitent. Après le Christ, de toutes les personnes mentionnées dans l'Évangile, c'est le larron pénitent que j'envie le plus. Pendant la crucifixion de Jésus, être à ses côtés et dans la même situation que lui me semble un privilège bien plus enviable que d'être assise à sa droite dans la gloire » (lettre du 16 avril 1942). Il ne s'agit pas d'enthousiasme pieux. Simone Weil l'a payé de sa propre vie.

Edith Stein a aussi découvert, ou plutôt redécouvert Dieu dans Jésus crucifié. À partir de 1916, Edith Stein fut l'assistante du professeur Edmund Husserl à Fribourg, en Allemagne. Au mois de novembre 1917, le philosophe Adolph Reinach, de l'université de Goettingen, fut tué à la bataille des Flandres. Edith fit le long voyage de Fribourg à Goettingen pour assister aux funérailles et rendre une visite de sympathie à sa veuve, Anna Reinach. Cette visite n'était pas facile, parce que Edith en tant qu'athée se sentait incapable d'exprimer de profondes paroles de consolation. Durant la rencontre, cependant, les rôles furent complètement renversés. Ce fut Anna Reinach, la veuve, qui au milieu de sa peine fut capable de transmettre à Edith Stein quelque chose de la consolation de sa foi chrétienne. Plus tard, alors qu'elle était carmélite, Edith parla de cette expérience en ces mots : « C'était ma première rencontre avec la croix et avec la force divine qu'elle transmet à ceux et celles qui la portent. J'ai vu très clairement, pour la première fois, l'Église née de la passion rédemptrice du Christ dans son triomphe sur l'aiguillon de la mort. À ce moment, mon incroyance s'écroula et le Christ commença à briller pour moi, le Christ dans le mystère de sa croix.» Le moment où mon *incroyance* s'écroula; habituellement on entend: la foi s'écroula. Mais elle dit: mon incroyance s'écroula, comme s'il s'agissait d'un mur lui cachant le mystère de la croix. Plus tard, comme carmélite, elle choisit son nom en lien avec la croix: Teresa Benedicta a Cruce — Thérèse bénie par la croix.

Voilà deux personnes parmi plusieurs qui ont trouvé le Fils de Dieu dans le Crucifié. «Quand vous élèverez le Fils de Dieu, alors vous saurez que JE SUIS...» Une réponse à la croix dans une foi profonde.

Jésus est suspendu à la croix, chassé du monde qui le rejette et se détourne de lui — il ne lui appartient plus — et séparé du ciel auquel il n'appartient pas non plus, parce que, pour nous, Dieu l'a identifié au péché, lui qui n'avait pas connu le péché (*2 Co* 5,21); un mystère insondable et douloureux. À peine humain, plutôt semblable à un ver de terre.

Lui, l'homme le plus libre qui soit, est suspendu, attaché et cloué. Tout lui a été enlevé:

— ses vêtements, sa seule possession;
— sa dignité humaine, alors qu'il est suspendu, dépouillé à la vue de tous;
— sa santé, ruinée en douze heures à peine;
— sa réputation, détruite; il n'y a pas si longtemps, le peuple l'admirait et le vénérait;
— sa crédibilité, disparue, car l'Écriture dit: «Qu'il soit maudit par tous celui qui est suspendu au bois.» (*Ga* 3,13 citant *Dt* 21,23) Et maintenant, il est suspendu au bois. C'est le grand triomphe de ses ennemis. Le texte du Deutéronome est la confirmation biblique de leur triomphe;
— ses amis et ses disciples, lors de son arrestation, «l'ont tous abandonné et ont fui» (*Mc* 14,50);

— sa mère qu'il nous confie comme son dernier héritage, et à qui il nous confie;

— son Père, et c'est le plus dur de tout: «Mon Dieu, mon Dieu, pourquoi m'as-tu abandonné?» (*Mc* 15,34);

— vide complet, abandon absolu, désolation totale, mais en même temps refuge pour nous dans notre solitude.

Jésus est suspendu entre ciel et terre. Il n'appartient ni à l'un ni à l'autre, mais il est un pont entre les deux. Jean Vanier note comment Jésus fait la transition:

— de celui qui guérit à celui qui est blessé;

— d'une personne compatissante à celle qui a besoin de compassion;

— de celui qui s'écriait: «Qu'il vienne à moi celui a soif et qu'il boive» et à celui qui supplie: «J'ai soif»;

— de celui qui proclame la bonne nouvelle aux pauvres à celui qui est lui-même devenu pauvre;

— Jésus traverse la ligne de démarcation qui parcourt l'humanité séparant ceux qui possèdent de ceux qui sont dans le besoin.

Jésus est suspendu entre ciel et terre. Le mal du monde s'est durci en une puissance concentrée comme un poing crispé pour le frapper. Mais c'est alors que le Verbe parle le langage le plus clair, le langage du corps. En vérité, «le Verbe s'est fait chair». Maintenant, nous pouvons *voir* ce que le Verbe a à dire. Maintenant nous pouvons, à la fois, entendre et voir le message du Verbe. C'est un message d'amour. «Jésus aimait les siens qui étaient dans le monde et il les aima jusqu'à la fin.» (*Jn* 13,1) Dans cette phrase, Jean nous donne la clé non seulement de la Dernière Cène mais de toute la Passion. Ce qui signifie que nous contemplons la Passion de Jésus dans le bon état d'esprit et dans la véritable foi chrétienne uniquement si nous percevons encore et encore et dans chaque détail cet amour jusqu'à la fin.

Prenons le temps de développer ces deux dimensions. D'abord, le crucifix nous dit combien nous sommes aimés par Dieu, combien précieux nous sommes aux yeux de Dieu. «À peine, en effet, voudrait-on mourir pour un homme juste ; pour un homme de bien, oui, peut-être osera-t-on mourir. Mais la preuve que Dieu nous aime c'est que le Christ, alors que nous étions encore pécheurs, est mort pour nous... Lui qui n'a pas épargné son propre Fils, mais l'a livré pour nous tous, comment avec lui ne nous accordera-t-il pas tout le reste ?» (*Rm* 5,7-8 ; 8,32)

Bien des gens, dans notre société moderne extrêmement technique, mais souvent individualiste et isolante, recherchent désespérément leur identité. Beaucoup d'énergie et d'argent est investi dans cette quête. Les archétypes de C.G. Jung peuvent jeter de la lumière sur l'arrière-plan de notre personnalité. Le test de Myers-Briggs et l'ennéagramme peuvent nous aider à mieux comprendre notre propre comportement. Dans les magazines populaires, les chroniques sur l'astrologie s'appuient à leur façon sur ce besoin. Pour ceux et celles qui veulent approfondir, il existe un choix très vaste d'ateliers, de séminaires et de thérapies diverses, dont la plus intensive est la psychanalyse. Dans cette forêt de possibilités, il ne faut pas négliger l'arbre de la croix. Là, par-dessus tout, nous pouvons apprendre combien nous sommes précieux aux yeux de Dieu. S'il nous faut parfois manœuvrer avec des sentiments d'infériorité, il est alors sain et profitable de tourner fréquemment notre regard vers la croix de Jésus. Là, nous pouvons mesurer quelle grande valeur nous avons. Si nous trouvons difficile de nous accepter nous-mêmes — l'acceptation de soi est un art délicat — alors nous pouvons apprendre ici cet art : Dieu nous montre en Jésus quelle valeur immense et quel amour sont les nôtres. La psychothérapie creuse de plus en plus profondément dans la petite enfance, la période où l'on est bébé et, si possible, même dans la phase prénatale. Je me dis souvent : c'est parfait, allez juste un peu plus loin, à ce point où nous sommes nés du désir de Dieu. Il nous faut aller aussi loin. C'est là que se trouve la plus profonde dignité de notre personne. C'est de cet amour que nous avons surgi. Rien ne peut l'ébranler ou le modifier pour toute l'éternité. Le désir ardent de Dieu pour nous est éternellement présent — nous vivons davantage de l'amour de Dieu que d'air, de nourriture et d'eau. Là sont nos vraies racines, notre source la plus profonde. Si nous péchons, cet amour demeure encore dans sa totalité. Voilà ce que nous révèle le crucifix. Voilà ce que nous pouvons apprendre par le crucifix.

La seconde dimension est que ce message de la croix ne s'adresse pas seulement à chacun et chacune de nous personnellement, mais aussi à tous les autres. Saint Paul appelle les chrétiens « le frère ou la sœur pour qui le Christ est mort » (*1 Co* 8,11). C'est sans doute la chose la plus importante que l'on puisse dire d'un frère ou d'une sœur : Jésus est mort pour lui ou pour elle. Que cette personne soit charmante et vive ou non, qu'elle soit jeune ou âgée, qu'elle ait un diplôme supérieur ou n'en ait pas du tout, qu'elle maîtrise plusieurs langues ou très peu, qu'elle occupe un poste prestigieux ou qu'elle soit au bas de l'échelle, tout cela n'est *rien* comparé au fait que Jésus a aimé cette personne jusqu'à la fin et qu'il est mort pour elle sur la croix.

Dans notre perception des autres êtres humains, nous devrions conserver cette pensée au tout premier rang dans nos esprits et dans nos cœurs. C'est seulement quand cette vérité fondamentale imprègne toutes nos relations que nous pouvons vraiment être chrétiens. La mort de Jésus sur la croix établit entre nous un lien infiniment plus fort que toutes les distinctions qui nous sont habituelles. Jésus est mort «afin de rassembler dans l'unité les enfants de Dieu dispersés» (*Jn* 11,52). Nous devons toujours mesurer la valeur de notre prochain en relation avec la mort de Jésus.

Notre baptême confirme et approfondit cette relation fondamentale. «Ignorez-vous que, baptisés dans le Christ Jésus, c'est dans sa mort que tous nous avons été baptisés?» (*Rm* 6,3). Nous sommes tous marqués de ce sceau. «Vous tous, en effet, baptisés dans le Christ, vous avez revêtu le Christ; il n'y a ni Juif ni Grec, ni esclave ni homme libre, il n'y a ni homme ni femme; car tous vous ne faites qu'un dans le Christ Jésus.» (*Ga* 3,27-28) La mort de Jésus sur la croix nous enseigne à accepter notre prochain, homme ou femme, tel qu'il est, profondément lié à nous, comme nous le sommes tous dans le Christ. La mort de Jésus sur la croix nous enseigne aussi cet art très difficile: le pardon.

Après que Jean eut raconté la mort de Jésus et le coup de lance au côté, il cita le prophète Zacharie: «Ils contempleront celui qu'ils ont transpercé.» Juste avant ce verset, dans Zacharie nous trouvons: «Je répandrai sur la maison de David et sur l'habitant de Jérusalem un esprit de grâce et de supplication.» (*Za* 12,10) Si nous contemplons celui que nous avons transpercé, beaucoup nous sera donné. Jésus donne son Esprit, un esprit de respect et d'amour, l'esprit dans lequel il a vécu. Le saint curé d'Ars avait coutume de dire: «Le crucifix est le livre le plus savant qu'on puisse lire.» De ce livre, il a tiré sa sagesse, son amour et son incroyable fécondité.

La croix révèle sa signification authentique uniquement quand on ne la sort pas de son contexte, mais qu'on la contemple en lien avec toute la vie de Jésus ainsi qu'avec la Résurrection. Autrement, rester fixé sur la croix, sans tenir compte de ce qui est venu avant et après, ampute l'Évangile et peut conduire à de graves déformations de notre foi.

La mort de Jésus sur la croix n'arrive pas à l'improviste, mais résulte inexorablement de sa vie publique, de ses paroles et de ses actes. Jésus lui-même emploie souvent l'expression « il faut » quand il parle de sa passion. Il était clair pour lui qu'il fallait en venir là. « Jésus commença à leur enseigner que le Fils de l'Homme doit beaucoup souffrir et être rejeté par les anciens, les grands prêtres et les scribes, être tué et, après trois jours, ressusciter. » (*Mc* 8,31) Quand toute la souffrance est passée, Jésus développe la même leçon pour les disciples d'Emmaüs : « Ne fallait-il pas que le Christ endurât ces souffrances pour entrer dans sa gloire ? » (*Lc* 24,26) Jésus voit que les prophètes ont annoncé cette situation inévitable. L'indication la plus claire se trouve dans les quatre chants du Serviteur de Yahvé dans le Deutéro-Isaïe, où Jésus pouvait reconnaître un portrait de sa personne et de sa mission. Au baptême dans le Jourdain, l'évangile de Matthieu fait un lien direct avec ces quatre chants : le dernier verset de la péricope sur le baptême reprend le premier verset du premier chant du Serviteur de Yahvé : « Celui-ci est mon Fils bien-aimé en qui j'ai mis toutes mes complaisances. » (*Mt* 3,17 ; *Is* 42,1 ; *cf. Mt* 12,17-21) Le Serviteur de Yahvé est envoyé par Dieu pour le salut de son peuple ; il souffrira beaucoup (voir surtout le quatrième chant, *Is* 53), mais de cette manière il sera extrêmement fécond, même bien au-delà des frontières d'Israël.

Par son baptême, Jésus accepte d'être solidaire avec nous dans notre péché. Le baptême de Jean était un baptême de pénitence. Quand Jésus décide d'accepter ce baptême, il choisit consciemment et librement de partager le destin du peuple qui a besoin de repentir. Ainsi, Jésus se rend disponible à l'infection de la culpabilité humaine. La période d'incubation de cette infection a été de trois ans. Durant cette période, Celui qui ne connaissait pas le péché est devenu péché pour l'amour de nous, pour que nous puissions devenir en lui justice de Dieu (*cf. 2 Co* 5,21). Telle était la passion de Jésus.

Dans sa réponse à Pilate, Jésus résume avec beaucoup de force toute sa mission : « Je ne suis né, et je ne suis venu dans le monde que pour rendre témoignage à la vérité. » (*Jn* 18,37) Voilà tout le sens de la vie de Jésus : témoigner de la vérité. La vérité, en effet, doit être comprise comme l'absolu fiabilité de l'amour inconditionnel de Dieu (*cf.* chapitre 3). Dans notre monde tel qu'il est, Jésus a pour mission de rendre témoignage à la vérité de l'amour de Dieu et de le vivre. C'est la volonté du Père : convaincre les gens de cet amour.

Déjà au ve siècle avant Jésus Christ, Sophocle dans sa tragédie *Antigone* a montré clairement combien quelqu'un qui veut aimer sans exclure personne doit s'attendre à souffrir. Créon dit à sa nièce Antigone : « Jamais un ennemi ne devient un ami, pas même après sa mort. » Antigone proteste : « Mais oui, c'est possible ! Je vis non pour haïr, mais pour aimer. » Mais Créon réagit : « Alors va aux enfers si tu veux aimer, et là tu pourras aimer » (v. 522s).

Le Père n'a pas « voulu » la crucifixion de son Fils ; le Père veut seulement aimer. Le Père veut que son Fils incarne la vérité et la fiabilité de l'amour divin, et qu'il le fasse dans notre vrai monde. Jésus est la parole du Père faite chair, nous révélant l'insondable mystère de Dieu : Dieu est amour. « Mais le monde ne l'a pas reconnu — et les siens ne l'ont pas accueilli. » (*Jn* 1,10-11) Il fallait que cela arrive, selon la terrible logique de ce monde tel que nous l'avons façonné. Lorsque le rejet de Jésus s'est durci dans sa passion, puis sa crucifixion, le Père et le Fils sont restés fidèles et ont révélé ainsi la vérité et l'authenticité de leur amour. Lorsque cela se produisit, les yeux de bien des gens se sont ouverts, en commençant par le centurion romain qui dit: «Vraiment, cet homme est le Fils de Dieu» (*Mc* 15,39) et avec un grand nombre d'autres qui, plus tard, purent proclamer avec Jean: «Nous avons connu et nous avons cru à l'amour de Dieu pour nous» (*1 Jn* 4,16).

La mort de Jésus est non seulement liée inséparablement à sa vie, mais elle est aussi profondément liée à sa résurrection. Nous ne pouvons considérer la mort de Jésus dans la foi que si nous le faisons dans la lumière de sa résurrection. C'est ce que font les Évangiles dès la toute première page. C'est aussi ce que nous appelons l'inspiration. Par ailleurs, si nous séparons la mort de Jésus de la résurrection, toute notre foi chrétienne s'écroule; alors notre foi serait vaine et nous serions encore dans nos péchés (*cf. 1 Co* 15,17). La résurrection est la confirmation divine de toute la vie de Jésus. C'est alors que nous voyons combien le Père est infiniment fidèle au Fils et au message que le Fils nous a transmis. La résurrection ouvre les profondeurs de la croix et en révèle le vrai mystère.

> Dieu éternel,
> tu as investi ton propre nom et ta puissance
> dans un homme, Jésus de Nazareth,
> notre frère.
> Mais lui a vécu sans puissance
> dans ce monde.
> Tu lui as donné le droit de parler
> — il est ta Parole —
> mais il ne pouvait trouver d'audience.
> Nous te demandons
> que nous puissions reconnaître
> en lui, cet homme de douleurs,
> ton premier et ton dernier mot,

notre seul sauveur,
Dieu-avec-nous
aujourd'hui et chaque jour,
pour toujours.

CHAPITRE 12

Le Seigneur ressuscité

La première apparition du Seigneur ressuscité qui est mentionnée dans les évangiles est celle à Marie Madeleine, une femme qui l'a recherché passionnément et fidèlement et qui fut la première à pouvoir le trouver.

Chercher et trouver : ce thème court dans toute l'Écriture comme un fil. Ou, plus exactement : être recherché et être trouvé. Car l'élément le plus important n'est pas que nous cherchions Dieu, mais plutôt que nous nous laissions trouver par Dieu et que nous nous ouvrions à sa présence. Je cite ici deux textes parmi plusieurs autres qui illustrent ce point, un de l'Ancien Testament et l'autre du Nouveau. « Quand vous me chercherez, vous me trouverez. Oui, quand vous me chercherez de tout votre cœur, vous me trouverez, dit le Seigneur. » (*Jr* 29,13-14) Dieu lui-même garantit cette issue. Dans le Sermon sur la montagne, Jésus annonce la béatitude : « Bienheureux les cœurs purs, car ils verront Dieu. » (*Mt* 5,8)

Chercher et trouver est un thème qui apparaît fréquemment dans l'évangile de Jean. Les premiers mots de Jésus dans le quatrième évangile ne sont ni une affirmation ni un défi, mais une question qui nous confronte dans notre recherche.

« Que cherchez-vous ? » (1,38) À la fin de l'évangile de Jean, la première parole de Jésus ressuscité, avec une légère variante, est la même question : « Qui cherches-tu ? » (20,15) C'est la question fondamentale que Jésus adresse de façon répétée à chacun et chacune de nous. Et ce n'est pas une question facile.

Dans la personne de Marie Madeleine, ce thème — chercher et trouver — atteint une intensité singulière. Elle ressemble à l'épouse du *Cantique des cantiques*, d'où est tirée la lecture de sa fête : « Sur ma couche, la nuit, j'ai cherché celui que mon cœur aime. Je l'ai cherché, mais ne l'ai point trouvé ! Je me lèverai donc et parcourrai la ville. Dans les rues et sur les places, je chercherai celui que mon cœur aime. Je l'ai cherché mais ne l'ai point trouvé ! » (*Ct* 3,1-2) Elle l'a recherché avec une application passionnée et une fidélité sans faille. Pourtant, avec tout le respect dû à cette femme remarquable, nous devons aussi reconnaître que Marie a sous-estimé Jésus ; celui qu'elle recherche est infiniment plus grand qu'elle ne le suppose. Elle recherche littéralement le Vivant parmi les morts, le cadavre du Seigneur qui est ressuscité. Sa recherche ardente devait être purifiée, rectifiée et, par-dessus tout, déployée. Ce n'est pas du tout un reproche. Nous ne pouvons penser au Seigneur que de façon trop étroite. Il est toujours plus grand que l'idée que nous en avons. Une telle sous-évaluation est inévitable pour nous, êtres humains. Mais c'est utile d'en être conscients.

Dans nos vies aussi, chercher et trouver Dieu joue un rôle vital, et sans fin. Trouver Dieu ne signifie pas que nous n'avons pas à le chercher encore davantage. Si nous retrouvons un trousseau de clés perdues, il n'est plus nécessaire de le chercher encore. Mais il est bien évident que la recherche de Dieu ne cesse jamais, parce que Dieu est plus grand et plus surprenant que nous ne prévoyons : « Afin d'être recherché encore après avoir été trouvé, Dieu est infini.» (saint Augustin) «Cherchons le Seigneur de telle façon que nous le cherchions encore» (saint Bernard de Clairvaux). Dieu veut que notre relation à lui reste vivante, venant de l'expérience et du cœur. C'est pourquoi Dieu nous séduit. «Le désir du cœur est comblé par le fait même qu'il demeure insatiable, car c'est proprement voir Dieu que de n'être jamais rassasié de le désirer» (saint Grégoire de Nysse). Que Dieu se communique lui-même sans se laisser jamais saisir est à la fois la grande souffrance et le constant stimulant des mystiques. Dès que nous cessons de chercher Dieu de tout notre cœur, notre relation intime et vivante avec Dieu s'affaiblit. L'Apocalypse de Jean, le dernier livre de la Bible, parle aux chapitres deux et trois du danger de renoncer à notre premier amour, et de devenir tièdes. Ce n'est pas une tentation concrète et très forte de faire quelque chose de terriblement mauvais, mais plutôt une érosion sournoise, presque imperceptible, et pourtant fatale. Cela semble si normal qu'on le remarque à peine, jusqu'à ce qu'il soit trop tard. Mais non, cette dernière remarque n'est pas tout à fait juste; il n'est *jamais* trop tard, parce que la fidélité de Dieu est sans fin.

C'est ainsi que la recherche de Dieu s'accompagne d'une souffrance intérieure. Saint Augustin l'explique dans une homélie sur la première épître de Jean (4,6), d'une façon toute familière: «La vie entière du bon chrétien est un exercice de saint désir. Vous ne voyez pas ce que vous désirez, mais le fait même de désirer vous prépare pour que, lors de la venue de Dieu, vous le voyiez et soyez pleinement satisfaits. Supposons que vous alliez remplir un contenant et vous savez que vous recevrez une grande quantité. Alors vous tentez de dilater votre sac ou votre outre. Pourquoi? Parce que vous connaissez la quantité qu'il faudra y mettre et vous voyez qu'il n'y aura pas assez d'espace. En dilatant le contenant vous augmenterez donc sa capacité, et c'est ainsi que Dieu se conduit avec vous. Tout simplement en nous faisant attendre, Dieu augmente notre désir, ce qui agrandit la capacité de notre âme, et la rend capable de recevoir ce qui nous sera donné.»

Grégoire le Grand écrit dans la même veine, à propos de Marie de Magdala justement: «Maintenant, prenons conscience du grand amour qui a enflammé le cœur de cette femme: alors que tous les disciples ont fui le tombeau, elle ne peut se résigner à s'éloigner. Elle le cherchait, celui qu'elle n'avait pas encore trouvé; et pendant qu'elle le cherchait, elle pleurait. Et c'est ainsi que, seule, celle qui resta à le chercher le vit. Le sens d'une bonne œuvre est dans la persévérance, comme le dit la Vérité elle-même: "qui persévère jusqu'à la fin sera sauvé" (*Mt* 10,22). Elle chercha d'abord sans rien trouver, mais elle persévéra dans sa recherche et voilà elle le trouva! Et c'est ainsi que ses saints désirs ont grandi par ce délai, et que les désirs croissants ont éventuellement trouvé totalement ce qu'ils cherchaient.»

L'interaction singulière entre chercher et trouver dans notre désir pour Dieu n'implique pas seulement la souffrance d'un ardent désir intérieur, mais aussi la consolation inhérente de savoir que nous ne pourrions pas chercher Dieu si nous ne l'avions pas déjà trouvé dans une certaine mesure (voir Rumi au chapitre 1), et si tout au fond de notre cœur nous n'avions pas la certitude que Dieu désire plus ardemment que nous cette union plus profonde. De là nous vient la force de persévérer.

Portant maintenant plus d'attention au passage de l'évangile de Jean (20,11-18), commençons d'abord avec la requête que nous puissions, nous aussi, chercher le Seigneur de tout notre cœur dans une persévérance sans défaut, et que nous puissions trouver Dieu toujours plus. Saint Ignace de Loyola nous conseille sagement de prier pour la grâce de nous réjouir intensément à cause de la grande gloire et joie du Christ Jésus, notre Seigneur. Il est bon de prier pour cette grâce avec ferveur et persévérance, comme l'ami importun (*Lc* 11) et la veuve insistante (*Lc* 18). Sans aucune hésitation, nous pouvons demander cela au nom de Jésus, parce qu'il a promis par trois fois cette plénitude de joie (*Jn* 15,11 ; 16,24 ; 17,13). Ce que nous demandons est une grâce. Nous ne pouvons pas la donner de nous-mêmes ou la produire nous-mêmes, cette joie intense qui nous submerge totalement. Ce qui ne veut pas dire que cette joie doive toujours être une joie soudaine ou brusque. Il se peut très bien que cette joie grandisse en nous graduellement. Par-dessus tout, nous prions pour nous réjouir dans la joie et la gloire de *Jésus,* c'est-à-dire que nous prions pour la joie désintéressée du pur amour. Ce qui suppose que nous prions pour une joie qui demeure. Nous prions, comme mère Teresa le fit, pour que rien ne nous cause tant de tristesse que nous en oubliions la joie du Seigneur ressuscité. Prions aussi pour que cette joie puisse pénétrer toutes nos relations, pour que nous puissions transmettre cette joie aux autres d'une manière simple et vraie.

Avant le verset 11, se trouve l'affirmation que les deux disciples venus au tombeau (Pierre et l'autre disciple) étaient retournés à la maison, mais que Marie Madeleine était restée près du tombeau vide. J'admire la fidélité et l'amour de cette femme qui, comme l'épouse du *Cantique des cantiques,* ne calcule pas le prix de la persévérance. Et je me sens mal à l'aise devant l'attitude terre-à-terre de ces deux hommes. Marie pleure parce qu'elle a perdu Jésus. Cela nous a-t-il déjà poussés aux larmes ?

Suivent plusieurs dialogues. Le premier est sans ambiguïté, c'est la conversation de Marie avec les anges. Quand ceux-ci lui demandent pourquoi elle pleure, elle répond sans ambages : « Ils ont enlevé mon Seigneur, et je ne sais pas où ils l'ont mis. » En vérité, il est son Seigneur à qui elle doit tout et à qui elle s'est donnée d'un cœur sans partage. Après cette réponse concise, elle tourne carrément le dos aux anges. Elle est tellement prise par la recherche de Jésus que les anges ne peuvent la distraire !

Le deuxième dialogue a lieu avec le « jardinier ». « Elle ne savait pas que c'était Jésus. » Cela se produit souvent au cours des apparitions du Seigneur ressuscité. Les apôtres, les disciples d'Emmaüs, même Marie Madeleine qui l'aimait tellement — aucun d'entre eux ne reconnaît le Ressuscité. Cet aveuglement implique un message de foi. Même s'il s'agit du même Jésus, il est maintenant complètement différent. « La mort n'a plus de pouvoir sur lui. » (*Rm* 6,9) Il vit une vie où la mort ne joue plus aucun rôle. Il *vit* de façon tout autre que nous vivons, et aussi, autrement qu'il vivait auparavant.

Le jardinier lui dit un seul mot : « femme ». Marie est devenue anonyme. Elle a perdu celui qui lui a donné son nom et son identité. Alors le jardinier lui pose deux questions (glissant ainsi insensiblement vers le rôle de Dieu qui a l'habitude de poser de telles questions : « Adam, où es-tu ? » « Caïn, où est ton frère ? » « Simon, fils de Jean, m'aimes-tu ? »). La première question du jardinier permet à sa peine de se manifester : « Femme, pourquoi pleures-tu ? » Quelle question profonde. Elle touche Marie jusqu'au fond du cœur et constitue un premier pas vers la guérison. Le questionneur exprime une réelle inquiétude pour elle. Cela lui donne l'occasion de parler de sa souffrance, de l'exprimer et de la partager.

La deuxième question : « Qui cherches-tu ? » va plus loin encore. C'est *la* question de l'évangile de Jean. Elle porte sur son désir le plus profond et le nôtre, sur sa relation la plus profonde et la nôtre. L'espoir de l'évangéliste Jean, c'est que la réponse honnête à cette question soit : « Jésus ». Tout son Évangile a été écrit pour que « vous croyiez que Jésus est le Messie, le Fils de Dieu, et qu'en croyant vous ayez la vie en son nom » (*Jn* 20,31). En Marie, cet espoir est comblé. Quoique son amour doive encore être purifié et agrandi, elle recherche vraiment Jésus avec un désir passionné. Elle répond de tout son cœur, montrant qui elle cherche : « Seigneur, si vous l'avez emporté, dites-moi où vous l'avez mis et je l'enlèverai. »

Alors se produit la rencontre. Le Seigneur ressuscité l'appelle à sortir de son anonymat, de son vide ardent, de sa vision trop étroite. Il l'appelle à entrer dans la nouvelle réalité ouverte par la résurrection de Jésus. Il l'appelle par son nom et le fait par-delà les frontières de la mort. Il l'appelle comme son Père, déjà, avait appelé Israël : « Ne crains pas, car je t'ai racheté ; je t'ai appelé par ton nom : tu es à moi. » (*Is* 43,1)

Il l'appelle comme le bon pasteur appelle ses brebis par leur nom et les conduit dehors (*Jn* 10,3). Il l'appelle par son nom « Marie » et scelle ainsi une intimité unique. « Je donnerai un caillou blanc sur lequel sera inscrit un nom nouveau, que nul ne connaît, hormis celui qui le reçoit. » (*Ap* 2,17 et *Is* 62,2)

Jésus sait qui il appelle. Il connaît son passé et son histoire. Il connaît sa faute et son angoisse, son amour et son espoir. Il la connaît totalement, bien mieux qu'elle ne se connaît elle-même. Quand Jésus prononce son nom il englobe la totalité qui n'omet rien et inclut tout. Dans cette plénitude, elle est appelée et aimée. Dans cet amour, tout est compris, tout trouve sa place. Elle n'a pas besoin de retenir quoi que ce soit, de cacher, de réprimer quoi que ce soit. Elle rencontre l'amour du Seigneur ressuscité qui ne connaît aucune limite et ne pose aucune condition. « Le Seigneur, ton Dieu, est au milieu de toi, en puissant sauveur! Il exultera pour toi de joie, il te renouvellera par son amour; il chantera pour toi avec des cris de joie comme aux jours de fête.» (*So* 3,17)

Quand Jésus l'appelle ainsi par son nom, une libération inusitée se produit en Marie Madeleine. Sa douleur et sa souffrance disparaissent comme neige au soleil, oui, plus vite encore et plus radicalement. Elle peut s'ouvrir complètement, s'abandonner, se laisser combler d'une plénitude de joie. Dans le seul mot «Rabbouni», elle exprime tout cela. Elle expérimente un passage complet et radical dans une vie nouvelle qui se tient là devant elle dans la personne de Jésus et qui lui est donnée par lui. Elle reçoit son nom et sa personne, entièrement renouvelées.

La rencontre entre Jésus et Marie Madeleine est unique et ineffable. Mais, en même temps, il se passe ici quelque chose qui s'adresse à chacun et chacune de nous. Nous sommes tous interpellés ainsi par le Seigneur ressuscité et ainsi conduits à une vie nouvelle. François Varillon résume ainsi cette invitation et son lien avec notre propre transformation:

Christ est ressuscité,
donc vivant,
donc présent,
donc agissant,
donc transfigurant,
donc divinisant.

Cela est vrai pour chacun de nous. Par sa résurrection, Jésus nous rend capables «de nous conformer à son image» (*cf. Rm* 8,29). À partir de là, les paroles de Jean acquièrent une intensité nouvelle: «Nous sommes appelés enfants de Dieu et nous le sommes en vérité.» (*1 Jn* 3,1)

Les apparitions du Seigneur ressuscité conduisent toutes à la mission. Qui l'a vraiment rencontré doit rendre témoignage de lui et répandre la bonne nouvelle de sa résurrection. Une telle expérience ne peut pas être gardée secrète. Marie Madeleine ne fait pas exception. Dans son grand amour, elle ne veut pas perdre celui qu'elle a recherché avec tant d'angoisse et de fidélité. Elle doit apprendre, cependant, que la véritable union à Jésus ne consiste pas à se cramponner à lui, mais à se laisser envoyer en son nom à nos frères et à nos sœurs. L'instinct de possession est un très grand danger pour l'amour. Même l'amour le plus pur doit l'apprendre par beaucoup de souffrance. « Ne me retiens pas… mais va vers mes frères et mes sœurs et dis-leur… »

Jésus, qui avait appelé Marie par son nom et l'avait éveillée à une vie nouvelle, lui confie maintenant sa mission. Il lui confie le message : « Je vais à mon Père et votre Père… » Par ces mots, Jésus capte l'achèvement de sa propre mission. Il est venu à nous afin de nous faire entrer dans le mystère où lui-même demeure : son unité avec le Père dans le Saint-Esprit. C'est le don le plus intime et le plus précieux qu'il puisse partager avec nous. Ce mystère est la source de tout amour et de toute fécondité. Nous sommes aussi invités à demeurer et à nous enraciner dans ce mystère. « Demeurez dans mon amour. » (*Jn* 15,9) Nous ne sommes plus des esclaves, remplis de crainte, mais nous avons reçu l'Esprit qui fait de nous des enfants de Dieu et qui nous fait crier : « Abba, Père ! » (*cf. Rm* 8,15)

Si le Père de Jésus est aussi notre Père, alors nous sommes tous frères et sœurs : « Il n'y a ni Juif, ni Grec, il n'y a ni esclave, ni homme libre, il n'y a ni homme, ni femme, car tous nous sommes un dans le Christ Jésus. » (*Ga* 3,28) Pour notre temps — avec ses innombrables réfugiés, son rejet des étrangers et sa violence cruelle —, c'est un message très opportun et un défi.

« Marie de Magdala alla et annonça aux disciples : "J'ai vu le Seigneur !" » Saint Augustin, saint Bernard de Clairvaux et d'autres docteurs de l'Église se plaisent à appeler Marie Madeleine *apostola apostolorum*, l'apôtre féminine des apôtres. Elle apporta aux apôtres le cœur de la Bonne Nouvelle, sa confirmation ultime et son achèvement. Au Moyen Âge, il y avait un recueil très populaire de légendes des saints, écrit par le dominicain Jacob de Voragine sous le titre *La légende dorée*. Ce livre raconte avec beaucoup d'imagination et de ferveur comment Marie rayonnait par toute sa personne ce message de Jésus. Avant même qu'elle ait pu dire un mot, tout son être transmettait la joie de la résurrection. Au cours de sa longue maladie en 1521, c'était un des deux livres qu'Ignace de Loyola lisait. Il fit sur lui une impression durable et profonde. Son conseil de prier pour la grâce d'une joie intense à cause de l'immense gloire et joie de Jésus notre Seigneur pourrait avoir son origine dans ce récit.

Dans sa mission auprès des disciples et des apôtres, Marie fit sans doute une très importante expérience : celle de son union intime avec Jésus. Ce qu'elle tentait de réaliser par ses propres forces, en se cramponnant à lui, lui fut donné dans la mission comme un pur don. Elle fut envoyée par Jésus et, dans cette mission, il restait près d'elle, plus près encore qu'au jardin voisin du tombeau. Dans sa mission, elle eut le privilège d'expérimenter ce que Paul dirait plus tard de lui-même : « Je vis, mais ce n'est plus moi qui vis, c'est le Christ qui vit en moi. » (*Ga* 2,20) La véritable union ne se réalise pas par des sentiments ou des paroles, mais dans la mission envers les gens, dans le service de chaque jour.

Thérèse d'Avila décrit dans son livre *Le château intérieur* la croissance de la vie de prière. Elle distingue sept phases ou stades, qu'elle compare à des demeures situées toujours plus profondément dans le château de l'âme. Se servant de l'analogie des sept demeures, elle traite longuement des expériences de la prière et de la mystique. La septième et dernière demeure représente la plus haute union mystique. Elle la décrit aussi avec beaucoup de puissance. Alors, cependant, se produit tout à coup un changement inattendu : quiconque a atteint la septième demeure se retrouve de nouveau dans la rue.

La mystique flamande Hadewych, au XIIIe siècle, décrit une expérience semblable. Dans sa cinquième vision, elle décrit la félicité de l'union la plus intime avec Dieu : « Une extase qui transcende toute compréhension », qui, cependant, est suivie brusquement par le commandement divin : « retourne à ton travail ». Le fait que Jésus nous confie sa mission scelle son union avec nous. « "Comme le Père m'a envoyé, moi aussi je vous envoie." Et ayant dit cela, il souffla sur eux et leur dit : "Recevez le Saint-Esprit". » (*Jn* 20,21-22) Nous avons reçu la grâce de savoir et de nous réjouir que dans notre mission aujourd'hui Jésus ressuscité vit et travaille en nous, comme le Père vivait et travaillait en Jésus lorsqu'il était sur la terre.

Nous t'adorons et nous t'admirons, Dieu,
parce que tu as montré ta puissance
en Jésus Christ
le ressuscitant des morts,
et l'établissant à ta droite,
l'exaltant au-dessus de toutes les puissances
et lui donnant un nom
qui est au-dessus de tout nom sur terre.
Nous te demandons
que nous qui croyons en lui
soyons aussi de la même pensée que lui,
soyons un signe de sa vie,
lumière et paix
pour tous ceux qui le cherchent,
aujourd'hui et chaque jour
pour toujours.

Table des matières